A INCONSCIÊNCIA COLETIVA

Dados Internacionais de Catalogação na Publicação (CIP)
(Câmara Brasileira do Livro, SP, Brasil)

Gaiarsa, J. A.
A inconsciência coletiva / J. A. Gaiarsa. -- São Paulo: Ágora, 2009.

ISBN 978-85-7183-055-4

1. Inconsciente (Psicologia) 2. Psicoterapia
I. Título.

09-03170   CDD-154.2

Índice para catálogo sistemático:
1. Inconsciência coletiva: Psicoterapia 154.2

Compre em lugar de fotocopiar.
Cada real que você dá por um livro recompensa seus autores
e os convida a produzir mais sobre o tema;
incentiva seus editores a encomendar, traduzir e publicar
outras obras sobre o assunto;
e paga aos livreiros por estocar e levar até você livros
para a sua informação e o seu entretenimento.
Cada real que você dá pela fotocópia não autorizada de um livro
financia o crime
e ajuda a matar a produção intelectual de seu país.

J. A. GAIARSA

A INCONSCIÊNCIA COLETIVA

A INCONSCIÊNCIA COLETIVA
Copyright © 2009 by J. A. Gaiarsa
Direitos desta edição reservados por Summus Editorial

Editora executiva: **Soraia Bini Cury**
Editoras assistentes: **Andressa Bezerra e Bibiana Leme**
Capa: **Eduardo Bertolini**
Imagem da capa: **iStockphoto LP**
Diagramação: **Luargraf Serviços Gráficos**
Impressão: **Sumago Gráfica Editorial**

Editora Ágora
Departamento editorial:
Rua Itapicuru, 613 – 7º andar
05006-000 – São Paulo – SP
Fone: (11) 3872-3322
Fax: (11) 3872-7476
http://www.editoraagora.com.br
e-mail: agora@editoraagora.com.br

Atendimento ao consumidor:
Summus Editorial
Fone: (11) 3865-9890

Vendas por atacado:
Fone: (11) 3873-8638
Fax: (11) 3873-7085
e-mail: vendas@summus.com.br

Impresso no Brasil

SOBRE O JEITO DE ME LER

Leitor,
    sou muitos.
Se uma ou outra frase do livro não
encaixar na leitura – ou na cabeça –,
experimente lê-la com outra entonação,
como se fosse um novo personagem,
com outra voz e uma intenção diferente.
    Obrigado.

Primeiras cenas...

A distância entre olhar e ver é muito grande.

Porque **dois terços** do cérebro servem às posições, atitudes e
movimentos do seu corpo –
e do corpo de todos nós.
E muito do cérebro serve à
visão.
O cérebro foi feito para ver – para fazer igual, para imitar
(compreender), para brigar, para fugir, para
responder a movimentos.
Para dançar...
Se você vê, é movido a responder – mesmo sem querer –
até sem perceber!
Se você olha e vê, você dança junto...
Por isso é melhor não ver.
Na verdade, é melhor fazer de conta que não estamos vendo.
E vamos falando, falando, falando...

8   J. A. GAIARSA

Assim ficamos na nossa, para sempre isolados – e falando sozinhos. É mais seguro.

A diferença entre Mestre Freud (tão falado!) e Mestre Reich (tão omitido) é esta: Freud não olhava para seus clientes (só ouvia). Não quis ver.

A Psicanálise é só palavras – diálogo de cegos...

Reich começou a falar olhando para os pacientes.

E começou a ver, e o Inconsciente se fez carne, gesto, atitude, tom de voz, modo de olhar.

O Inconsciente é movimento e posição, que tomam conta de você antes de você perceber o que está acontecendo. Mas o outro (o de fora) pode ver – se estiver olhando, se estiver interessado.

A Humanidade mudou tanto no último meio século que nenhum dos dois mestres tem tanta relevância – hoje.

Figuram aqui como símbolos de um passado recente, no qual a Psicologia começou a ganhar uma relevância maior do que nunca – porque os seres humanos estavam começando a se perder na voragem do Progresso Científico que imprimiu à História uma aceleração vertiginosa.

Começando a nos perder no turbilhão, apelamos para quem nos salvasse, e então nasceram as dezenas de Psicologias do século XX, que esperavam nos reorganizar para o Novo Mundo.

Em vão!

A Palavra não pode nos salvar. Ela é por demais limitada e enganosa.

Só a Luz – o olhar – pode nos mostrar o Caminho.

Por isso me lembrei de Freud, a palavra que pretendia nos revelar, e de Reich, a Luz/olhar que pode nos mostrar o caminho...

MEU REICH

Não pretendo reproduzir Reich – nem creio que isso seja possível. Nem resumi-lo ou criticá-lo sistematicamente.

Assimilei profundamente seus textos ao longo de sessenta anos de convívio interior (não conheci Reich pessoalmente). Quero historiar esse contato para que o leitor possa avaliar o quanto e, sobretudo, de quantos modos Reich exerceu influência sobre mim.

Quem me apresentou Reich foi um simpático advogado de São Paulo, Luiz Arruda, que me acompanhava fielmente em muitas palestras que eu fazia sobre Higiene Mental, por volta de 1950. Após a palestra, ele sempre se achegava e insistia para que eu lesse Reich; tantas fez, e tanto ofereceu, que eu me acheguei, começando com a *Análise do caráter* – que para mim continua a ser seu livro mais fundamental, ponto de ruptura e, ao mesmo tempo, de continuação com o pensamento freudiano. É um livro cuja ideia central é muito inteligente e nem por isso muito difícil, mas é de algum modo condenado pela sua terminologia estritamente psicanalítica, usada com clareza e precisão como em nenhum outro texto da área.

10   J. A. Gaiarsa

Toda a nomenclatura psicanalítica foi feita, porém, referindo-se à *comunicação verbal*, realizada para compreender, explicar ou sistematizar *relatos*. Ora, Reich começava a Psicologia das expressões
não verbais
da personalidade.
A *observação* clínica de Reich (descrição *do que se vê*) muitas vezes se dilui ou se faz aparentemente secundária em relação aos conceitos desenvolvidos para compreender *o que se ouve*.
Imagine um pintor falando de música. Assim foi com Reich e Freud. Assim foi com a Análise do Caráter, que fez um número incalculável de pessoas *desistir* de estudar Reich. *Muito complicado, Não é pra mim, Não dá para acompanhar...*
Se as pessoas lerem a descrição de casos clínicos, compreenderão, com certa facilidade, o conceito básico da Couraça Muscular do Caráter (CMC) – de novo, a meu ver, o conceito mais fecundo de Reich.
Para piorar as coisas (em relação a Reich): há no citado livro duas questões preliminares difíceis quanto à noção de Couraça: a de Transferência Negativa Latente e a de Interpretação Formal. Digo que são difíceis porque, em textos de Psicanálise e na conversa com psicoterapeutas, dei-me conta de que a maioria deles mal compreende e, na certa, não usa nem um nem outro desses conceitos que servem de base a intervenções clínicas (interpretações) das mais pertinentes e atuantes.
Couraça é sinônimo de forma. Não se trata, nem importa saber, *o que* a pessoa está reprimindo, se amor ou ódio, medo ou inveja, despeito ou ternura; importa sempre e somente, segundo Reich, na Análise do Caráter, *perceber como* a pessoa reprime, que gesto, que atitude, que jeito, que sorriso ou tom de voz ela usa para *não perceber outra manifestação também presente no relato falado.*
Na linguagem-padrão da Psicanálise, não adianta nada "descobrir" ou dizer para a pessoa que ela está resistindo ou se defendendo; é preciso dizer-lhe *como* ela está se defendendo.

Se o paciente tem modos de superioridade, se me olha sempre meio de cima para baixo, então ele está *me pondo* em plano inferior; o que eu posso lhe dizer não o atinge – e assim ele anula todas as interpretações.

Parece simples, mas, repito – com o próprio Reich –, a maior parte dos terapeutas *não sabe* o que significa e *não sabe* como usar essa noção.

Em outros termos, a maior parte das pessoas (e dos terapeutas)
não consegue separar a fala
do *modo de falar* (e de se colocar).

As pessoas se deixam fascinar pela *palavra* propriamente dita e *não se dão conta* do tom de voz, da face ou da posição do interlocutor.

Não estou dizendo que elas não percebam; estou dizendo que elas *não se dão conta*. Percebem sem perceber; percebem porque o *curso do diálogo* mostra claramente que o percebido sem consciência vai perturbando o diálogo e a relação.

Conclusão dessa declaração: *o inconsciente está sempre presente* – no que a pessoa
não está percebendo em si mesma.

A repressão, pois, não atua *no inconsciente* por meio de um "mecanismo psíquico"; atua imprimindo ao corpo, aos olhos e à atenção uma direção que evita a *percepção* do reprimido.

Exemplo: se ao olhar para o rosto de uma pessoa próxima eu consigo *manter os olhos paralelos* – como eles ficam quando olhamos ao longe –, a pessoa *não terá a sensação* de que a estou percebendo. É o *olhar através* em vez do *olhar para*. É o *olhar longe*, tão característico da pessoa que...
está
longe!

É mais familiar (e mais frequente) o olhar distraído, o olhar sem ver, o olhar de quem está sonhando.

A repressão é, pois, sempre atual no processo e na manifestação.

12   J. A. Gaiarsa

O problema é descobrir:

A pessoa não está percebendo o quê?

Como se pode apreender desses exemplos, quando se diz Reich, em *termos visuais*, ele se faz imediatamente claro como ideia e como fato. Toda a teorização de Reich é pouco mais do que *descrição* do que se *vê* a qualquer momento, em qualquer lugar – nos outros e na gente. Mas isso abala seriamente a construção freudiana, e toda convenção social, para a qual, *implicitamente*,

o inconsciente é invisível – será?

O inconsciente não é invisível; a defesa está *sempre* num gesto ou numa posição *visível*. Se deixarmos de ouvir o paciente, nós o compreenderemos imediatamente, isto é, sem mediação, sem intermediários, sem palavras. Mas isso, e assim, nem Reich colocou para ele mesmo em toda sua amplitude. Um dos trabalhos específicos que julgo ter feito em relação a Reich foi formalizar e generalizar muitas de suas conclusões implícitas ou incompletas. É o que acontece com as ideias de qualquer pessoa, claro (e sempre); ninguém tem ideias completas e fechadas. Creio mesmo que a cadeia contínua do conhecer – cadeia de indivíduos – enlaça-se, entre outras formas, também desta: aquele que dá continuidade ao trabalho vai explicitando pontos obscuros ou mal colocados por um ou outro dos que o precederam.

Este livro, tão exata e honestamente quanto possível, é Reich renominalizado (nomenclatura para uma Psicologia *do que se vê*), generalizado (aplicado a áreas das quais Reich não cuidou explicitamente) e também ampliado na área do anatômico, do fisiológico, do postural e do respiratório.

Não há muita diferença entre conjunto de resistências negativas latentes, forma das resistências e estrutura do caráter. São, todas, o conjunto das maneiras de que a pessoa se utiliza para evitar o contato e o confronto direto, seja com o outro, seja consigo mesma. São, todas, estruturas de contenção ou de desvio sistemático da energia biopsíquica. São o estruturado em oposição ao fluente, são a agres-

A INCONSCIÊNCIA COLETIVA 13

são reprimida em oposição à adaptação viva ao entorno, são a tartaruga (casca) em oposição ao beija-flor (fluência), são a garantia da imobilidade ou da reiteração.

Os afetos – as emoções – cristalizados nessas estruturas são sempre medo e raiva. São o conjunto de forças repressoras da personalidade e, em sua maior parte, podem ser chamados de agressão reprimida ou de modos pelos quais nós reprimimos a agressão (outro tema por demais obscuro em Psicanálise).

O *setting* psicanalítico é por demais formal para deveras atiçar, avivar e resolver a agressão de quem quer que seja.

Bem simploriamente: só brigando é que eu aprendo a brigar. Saber de meus modos oblíquos de brigar não me ajuda a descobrir modos melhores. Fico, como a maior parte dos analisados, um explicador refinado de tudo que eu não sei fazer. Explico (melhor ainda!) que tudo que eu *não consigo* fazer *não preciso* fazer – e quem faz é um... não analisado! Mas isso não é da Psicanálise, evidentemente, é da humanidade, e a Psicanálise é apenas uma das mil formas existentes de ter a ilusão de estar fazendo alguma coisa e de compreender (controlar!) quase tudo...

A esta altura, o leitor mais ponderado lembrará: mas algumas vezes a Psicanálise ajuda. Não sei se é a Psicanálise ou se é o psicanalista.

É fundamental separar Teoria e Pessoa. Basta pensar nas "explicações" que foram moda em Medicina – uma moda a cada dez anos – para perceber logo que a Teoria, em regra, mantém laços mais do que aleatórios com a prática. É mais claro ainda que gente boa faz coisa boa, mesmo com ideias erradas, e que, com total certeza, gente ruim faz bobagem, mesmo com as melhores ideias do mundo.

O que eu aprendi com meu Pai Branco, que é Jung, foi isso: a individualidade, negada por tudo que é coletivo (teorias são coletivas), acaba sempre aparecendo, atrapalhando todas as ideias e confundindo as pessoas... A Teoria – como a Ditadura, da qual é uma variante – só tem sentido e função quando ligada a seu oposto dialético, que é a

14 J. A. GAIARSA

individualidade. É o indivíduo, e só ele, que atualiza a Teoria no *aqui-agora*; só *no, pelo* e *por meio do* indivíduo é que as ideias *atuam,* fazem-se agentes reais de influência. Mas, como é próprio da Teoria excluir o individual, ela acaba sempre por não compreender a si mesma...

E, já que falei de Pai Branco, devo dizer que Reich foi meu Pai Negro. Todo este livro fala do que Reich fez por mim, fez de mim, fez comigo e fez contra mim. Quero falar de Reich-ideia encarnado na pessoa de José Gaiarsa, tema principal deste livro.

Primeiro me fascinou em Reich a readmissão do corpo no consultório de Psicoterapia, corpo que a Psicanálise tinha excluído tão segura e firmemente quanto as castas hindus (tocar o paciente era o pecado maior do terapeuta, e continua sendo, *segundo os textos*). O corpo humano – e os corpos vivos – é uma paixão vitalícia em mim; meu curso de Medicina apurou e aguçou essa paixão. O sensorial era minha perdição e minha salvação, e alguma coisa em mim sabia disso.

Ao aprofundar leituras, discussões e experiências no consultório de Psicoterapia, via, com certo desespero frio e fundo, que esses estudos iam me afastando cada vez mais do corpo, do sensorial e do afetivo, minhas carências básicas e, portanto, os mais poderosos determinantes do meu rumo. Com Reich, eu podia recomeçar a busca – e recomecei. Reich não falava de inconsciente apenas, nem do corpo como símbolo, repositório de impulsos obscuros que "a mente" (a palavra) tinha de compreender e assimilar. Ele falava do que se *vê* no e do corpo; e logo depois começou a falar de como é importante, primeiro, que a pessoa se mexa e, depois, que alguém mexa na pessoa. Com ele eu podia continuar meu caminho, o que me fez seu aliado quase incondicional. O ver era tão fundamental – ou mais – do que o tocar. Ver é o espiritual em relação ao tocar, que é o material, o concreto. Nova dupla dialética.

Aliás, quero dizê-lo: Jung foi o único psicólogo que eu conheci cujo pensamento era dialético – trabalho contínuo com os opostos (na personalidade). Reich era dialético na prática, no operar psicoterápico, e aí era muito eficiente. Mas seu pensamento ainda tem muito de idealismo – e dos mais ingênuos. Seu conceito de Homem Natural, como oposto ao Homem Cultural, é tão profundo e tão utópico quanto o de Rousseau. O que se pode pensar como limite de suas colocações é um mundo sem repressão, um retorno à inocência dita original e um recomeço sabe Deus em que direção. Claro que isso é uma nova versão do Paraíso. As forças da oposição – que de algum modo nego ao dizer que são "erradas" ou "não deveriam existir" – se... opõem ao meu agir e o sabotam; no fim, acabo como Reich: por demais Profeta de desgraças e construtor de Utopias.

Deixem-me acrescentar logo: sinto-me orgulhosamente ao lado de Reich nessas profecias e nessas utopias, que não acho ridículas nem falsas. Quero – ele também queria – que a utopia tenha alguma probabilidade de acontecer e me sinto ferozmente interessado em achar *e usar* esses meios.

Mas a posição básica de Reich não me parece das mais operantes. Não creio que o homem já tenha sido – ou um dia "voltará" a ser – ingênuo, honesto, inocente, direto, natural, sábio, forte, manso... Muito menos acredito numa sabedoria incondicional da Natureza. Se ela soubesse "tudo", não teria inventado o homem, que surgiu para resolver os problemas que a natureza não conseguiu resolver.

Não creio – bem no fundo não creio – que o homem seja um animal degenerado pelo convívio social. Creio que somos *pouco mais do que chimpanzés* e, nesse sentido, vamos indo muito bem (com muitas esperanças). Afinal, as diferenças de composição proteica entre nós e os chimpanzés são de 2%, assim como as diferenças na estrutura cromossômica.

Logo, estamos aqui, entre outras coisas, para melhorar a natureza e não *apenas* para aprender com ela. Somos seus colaboradores e não seus adoradores incondicionais. Repito: Reich "disse" tudo isso em seu agir terapêutico e social. Mas sua teoria não diz isso.

16 J. A. GAIARSA

Voltemos: com Reich, eu comecei a poder *olhar* bastante para meu irmão e, com jeito e cuidado, até tocar nele.

Desde muito cedo, eu me dava conta – vagamente – de quanto eram importantes as caras e os elementos não verbais da comunicação humana. Meu maior temor infantil foi, com certeza, a fúria contida de minha mãe, que nunca foi brutal comigo nos gestos, mas cujo jeito italiano, veemente e apaixonado, deixava-me apavorado ao falar, gritar e sobretudo argumentar (no que ela era terrível), ao mostrar de quem era a culpa e quem deveria...

Depois, havia a cara inexpressiva da maior parte dos adultos. Um dia, bem mergulhado nas minhas origens, eu me dei conta de que minha gesticulação exuberante e minhas caretas animadas eram uma defesa para não ser tomado pela cara de pau dos circunstantes...

E foram mil horas de encantamento que eu experimentei *olhando* as meninas, depois as moças – para mim maravilhosas –, perto das quais eu não me animava a chegar.

Reich me disse: *pode* olhar, *pode* tocar – o corpo. E eu lhe serei para sempre grato por essa autorização, sobretudo porque todos os demais (o povo, a família e os psicanalistas) me diziam que não podia, que era perigoso, *cuidado!*, não se deve, por isso, por isso, por isso... Em suma: mantenham-se as distâncias – senão a geometria da estrutura social sofre deformações críticas, talvez se desmantele... Cuidado! Tocar no outro é mexer com fogo...

E é. Mas também é preciso – é um dos caminhos e, a julgar pela força das proibições relativas ao contato, deve ser um dos caminhos mais poderosos ou mais profundos de Renovação ou Renascimento.

Aqui, de novo, Reich deu uns passos e parou; creio estar indo muito além. Ele abriu o caminho para o contato *a fim* de conseguir o orgasmo orgástico ou derretido que seria fundamental para o equilíbrio energético da personalidade. Acho que o contato é mais importante do que isso – como será dito de mil modos neste livro.

Depois, houve o acaso, o destino. Quatro a cinco anos depois de formado, quando iniciava a leitura da *Análise do caráter*, fui procurado por uma mulher cuja terapia – com muitos anos de duração – fez-se a mais fundamental de minhas experiências profissionais e uma das mais importantes experiências pessoais de minha vida. O falar não era nada para ela. Sua dissociação primária era precisamente essa. Ela sabia falar até bem, mas o falar não a atingia de modo algum. Era somente adaptação social, sem nenhum significado pessoal. Depois de pouco tempo, e com muita força, foi-se fazendo imperativo ver e tocar. E, durante dois a três anos, a *Análise do caráter* se fez minha bíblia e livro de cabeceira.

Naquela época (1950), em São Paulo, ninguém fazia nada que dissesse respeito a corpo, e tocar o paciente era um ato muito estranho para terapeutas (e para qualquer pessoa). Aparentemente, eu buscava em Reich esclarecimentos técnicos: o que fazer. Mas, hoje, sei mais e melhor: busquei nele coragem e autorização – e ele me deu. Foi meu guia e meu escudo. Nas mil e uma horas de diálogo interior, durante as quais eu me via defendendo o que eu fazia ante um júri profissional cético (também ignorante e preconceituoso) e um júri popular severo e ameaçador, Reich era meu salvador. Foi nessa época que eu aprendi a pensar como Reich, sob muita pressão e com muita assiduidade. E aprendi o principal de Técnica e Teoria da Couraça Muscular do Caráter, coisas que se fizeram o eixo de minha atuação profissional (e logo depois pessoal). Além do mais, com o correr dos anos, eu ia me saturando e entediando até a morte com o uso continuado das fórmulas verbais de compreender e interpretar o outro – as mais disponíveis então, as mais aceitas, as mais ortodoxas (e as mais limitadas pelos medos de todos os terapeutas – que eram muitos).

Mas todo Salvador é um Torturador, e Reich foi, com certeza, a pessoa a quem posso atribuir muitas das piores coisas que sofri.

A primeira tortura que ele me impôs foi a compreensão do casamento. Eu vivia, então, meu casamento, que sempre foi difícil. Reich, em suas penetrantes e implacáveis dissecções do matrimônio monogâmico compulsivo – como ele o chamava –, ia traduzindo, em termos coletivos, tudo que eu sentia e pensava; ele ia mostrando que

18 J. A. GAIARSA

o casamento, nove em dez vezes, naufraga em contradições insolúveis e que isso não é apenas, nem principalmente, atuação individual (tolices ou pecados de Antônio ou José). As condições dadas a esse tipo de ligação a tornam um tormento crônico para a maioria dos que nela entram. E eu, entrava dia, saía dia, ouvia de meus clientes o mesmo rosário que eu desfilava em meu solilóquio interminável sobre meu casamento, minha mulher, minha culpa, ou dela, porque ela deveria, porque eu deveria... anos e anos a fio, e essa interminável ladainha de amarguras e rancores permanecia, sempre igual. E Reich "provando" que o buraco não tinha saída e revelando, a cada linha, mais um requinte de sadismo de um, de outro, ou de ambos...

Jamais o perdoarei pela lucidez com que ele me torturou.

Depois, em escala menor, por vezes meio humorística, mas na verdade tocando-me bem no íntimo, a tortura foi a questão da potência orgástica, no contexto da potência sexual em geral. Esse assunto é sempre delicado entre homens, e nas conversas com meus companheiros havia todo um jogo de expressões e disfarces; todos sabiam que todos tinham alguma espécie de problema sexual – os que não têm não se manifestam... Ao mesmo tempo, como homens e como profissionais da saúde mental, era imperativo – *imperativo* – que a gente fosse não apenas capaz como *muito* capaz – e aí começava a comédia, reedição das velhíssimas conversas sobre masturbação entre moleques "sabidos". Mas as dúvidas corroíam, e foi com certo prazer maligno que depois li em Kelley, um dos continuadores de Reich, a descrição do mesmo problema no círculo próximo de Reich, círculo que ele frequentou. Bem antes disso, aliás, tive outro momento de satisfação maligna ao ler, da terceira mulher de Reich, que ele era ciumento e controlador...

Mas o pior ia acontecendo pouco a pouco e definitivamente. Eu estava aprendendo

a ver.

E isso, uma vez aprendido, não se esquece mais, porque é a melhor de todas as defesas. Mas é terrível – e continua sendo.

Ver a expressão do rosto, dos olhos, da boca, das mãos, do tronco, do corpo todo. Ver as atitudes e as expressões marcadas de cada um, que desenham o personagem complementar ao que está... falando.

Como sempre, o ensino foi poderoso porque coincidiu com a necessidade – a necessidade de ser bom profissional (primeiro nível) e a necessidade de me proteger bem do outro, de controlá-lo sempre que possível (para que ele não me controlasse).

O temor do outro eu já tinha, e bem fundo. Minha emoção mais forte foi com certeza o medo – e o outro era a causa principal desse medo.

Depois, havia todo o medo (era *muito*) que os livros da minha área inspiravam a todo candidato a terapeuta. "O neurótico – eis o inimigo." A fonte principal dessa intimidação era a Psicanálise, sempre a dizer que os mecanismos secretos da mente são traiçoeiros, que o neurótico é astuto, esperto, sempre atento para frustrar o terapeuta, para enganá-lo, para depender dele, para manipulá-lo. E, portanto, o terapeuta deveria estar sempre em guarda, protegido e defendido.

Reich também seguiu esse caminho – com incríveis refinamentos – de observação. Seu conceito de transferência negativa latente é um monumento de desconfiança cósmica. E o que é pior: muito bem levado, muito bem demonstrado, incrivelmente eficaz. E eu, que desde moço me sentia meio por baixo em relação aos machões dominantes, afiei minhas armas de ataque e defesa até o limite.

Uma das fofocas que corriam a meu respeito era esta: eu conseguia, de fato, fazer as pessoas caírem do cavalo, eu conseguia desarticular couraças, "desestruturar" as pessoas. E a fofoca continuava: "E depois ele as larga por aí..." (o que eu nunca fui capaz de fazer – mesmo quando queria...). Na fofoca não se assinalava que desestruturar é a principal atividade do terapeuta – e portanto a fofoca era um elogio...

Mesmo hoje o olhar me domina, e quando vejo em alguém esse ou aquele sinal (expressão) de agressão contida, de desprezo, de amargura funda (e outras) fico em guarda e não consigo me desar-

20   J. A. GAIARSA

mar nem que queira. E o pior é isto: na rua, no ônibus, mesmo em uma festa, estou sempre *vendo* as pessoas e sei: o que eu estou vendo é terrível e existe, mas não posso falar sobre isso com ninguém. Seria tomado, no mínimo, como exagerado e, no máximo, como vítima de mania de perseguição. Mas o que eu *vejo* em alguém, para mim, existe – e eu não esqueço nunca, seja cliente, amigo, mulher amada, filho.

Mais um ponto: sofrimento de adolescência. Reich diz coisas bonitas, pungentes e profundamente verdadeiras sobre o tema. Com ele revivi a minha, e também se tornou para mim impossível esquecer o que eu passei – o que "a sociedade" fez comigo.

Esse é o meu Reich pessoal.

Creio legítimo encerrar com um breve resumo de meus conhecimentos acadêmicos sobre Reich.

Creio ter lido praticamente tudo que Reich escreveu. Seus livros e artigos de interesse clínico foram lidos várias vezes. Li os seis números de sua primeira revista – cujo nome não lembro mais[1]. Fiz sobre Reich quinze ou vinte conferências em ambiente médico, algumas centenas em ambiente acadêmico, pelo Brasil inteiro, mais algumas dezenas para público não qualificado. Ensinei Reich a grupos, a classes e a indivíduos na certa mais algumas centenas de horas – talvez até uns poucos milhares. Reformulei quase todas as suas declarações e cito o fato para mostrar meu empenho. Quero dizer que nesta declaração *não* estou dizendo que "corrigi" Reich, mas que o pensei e repensei de mil modos.

Esse é o meu Reich.

---

[1] Leio, ainda, às vezes – sempre gentileza do meu amigo Arruda –, *The Journal of Orgonomy*, publicação mensal de um dos grupos que continuam o trabalho de Reich em Nova York, Estados Unidos.

PRÉ-ÂMBULO
(ANTES DE COMEÇAR A ANDAR)[1]

1 – *O que os olhos veem do outro?*

A tese básica deste livro é que o olhar é muito mais veloz e abrangente que a palavra e que muitos pontos obscuros de Psicologia – e de vida – são esclarecidos quando se começa:

– *a ver melhor* as coisas, a prestar mais atenção e a dar maior valor ao que chega a nós *por meio dos olhos* – mesmo que muito veloz ou muito pequeno (refiro-me a expressões fisionômicas, gestuais, posturais);

– a compreender um pouco mais do complexo movimento dialético que ocorre permanentemente entre o visto e o falado – entre o que se vê, sonha e imagina (visual) e o que se *pensa* e/ou fala (verbal).

A cada página, o leitor encontrará afirmações, fortes, de que quase tudo que a pessoa é *aparece* – pode ser visto –, de que é muito difícil disfarçar, de que há muito pouco de oculto nas pessoas. O termo "inconsciente", nove em dez vezes, vale para o sujeito, mas não vale para o outro.

---

[1] *Ambulare* (latim) = andar.

Nem sempre é preciso que o outro fale sobre si para que eu saiba algo dele. Seu *jeito diz* muito!

O *que* se pode saber do outro que ele não diz – e muitas vezes ele nem sabe? Pode-se quase sempre saber o que mais interessa:

se *neste momento* e *nesta situação* ele está a favor ou contra, se ele é meu amigo ou inimigo, se ele está calmo, raivoso ou amoroso, se ele vai concordar, ajudar, dar, fazer o que pretendo ou preciso, ou – ao contrário – se ele *não* vai ajudar, dar, simpatizar. Bem pensadas as coisas, na vida o principal é isto: aqui-agora, ele está comigo ou contra mim?

Também: ele está consigo ou contra si?

Essas coisas os olhos nos permitem saber no ato, 95% das vezes:

se *estivermos atentos* (olhando com atenção)

e

se estivermos interessados.

Atentos aos gestos, faces e *tons de voz* das pessoas, podemos perceber o suficiente para nos colocarmos e nos movermos no aqui-agora; podemos saber o que é possível fazer com o outro – ou contra ele!

Mas uma coisa é eu saber o que a pessoa diante de mim está disposta a fazer aqui-agora se estivermos em interação, outra coisa é ter diante de mim uma pessoa e, *pela sua aparência*, saber *como ela é*, suas reações mais características (ou frequentes), as principais influências que a modelaram, como se combinam ou como interagem essas forças para fazê-la ficar assim:

– com *esta* aparência;

e agir *deste* modo

– com *este* gesto, *este* olhar, *esta* voz.

Nesse caso, o consenso da opinião popular – também da erudita – é que o olhar serve pouco: ninguém *adivinha* como é o outro olhando para ele. Essa é a opinião geral.

Reich mostrou clinicamente que tal opinião geral é bem menos verdadeira do que se admite. Observando com atenção, treinando e refletindo, podemos dizer muitas coisas plausíveis sobre a pessoa. Creio mesmo que a maior parte das *adivinhações* parapsicológicas, de búzios, tarô, quiromancia, cartas, bola de cristal etc. têm esta raiz: quem faz essas adivinhações é um bom observador, *que vê a pessoa*, deduz muito de seu passado pelo que vê – e extrapola para o futuro. Vê ou intui. (Mas *intuir*, em latim, significa ver...)

Nessa área há uma pedra no meio do caminho: toda opinião sobre o outro baseada na observação é muito *subjetiva*, muito pessoal. Se três ou quatro pessoas observarem a mesma pessoa e, depois, a descreverem, é certo que obteremos três ou quatro relatos diferentes, com algo em comum, mas também com discrepâncias gritantes. Por causa disso, o método é tido como pouco científico – como não digno de crédito.

Aqui é preciso distinguir as finalidades dos observadores. Se são cientistas empenhados em estabelecer a média, o mais regular ou o mais frequente, então o método não serve. Mas, se são pessoas *em interação*, como é o caso em todas as psicoterapias, dispensar o método visual, primeiro, é impossível (observar o outro é imediato e *instintivo*, basta que ele esteja diante de mim) e, depois, seria deveras uma perda irreparável.

É o que se faz em Psicanálise: *não* ver o outro (que está no divã).

As descrições e classificações de quadros psicopatológicos são elementos equívocos e pouco úteis no consultório de Psicoterapia – acho até que prejudiciais, quando põem o terapeuta em *certa* atitude, com certas expectativas que distorcem a percepção.

Ainda que me tenham perguntado mil vezes se

Isto que eu faço é normal, doutor?,

nunca soube para que serve a resposta a essa pergunta – nem por que ela é feita. Na interação pessoal, na troca de influências que

24   J. A. Gaiarsa

sempre ocorre quando dois ou mais estão interagindo, *a verdade dita objetiva* (a normalidade) importa pouco ou nada. Também não interessa, em regra, saber como a pessoa *é* (quadro estático).

Importante é o que fazemos com o que
percebemos do outro aqui-agora.

Essa é, com certeza, a primeira regra do bem viver – para todos: pacientes e terapeutas.

Esquece-se sempre que a Psicoterapia é uma *atividade*, é um exercer influência para modificar o comportamento do outro (ou de ambos). Todas as conversas sem sentido sobre a neutralidade do terapeuta obscurecem esse dado primário. As pessoas procuram o terapeuta porque sentem, pensam, fazem ou aceitam coisas desagradáveis, dolorosas, autodestrutivas ou sem significado para elas

e desejam mudar tais coisas.

Logo, elas *procuram influências* que alterem esses modos.

De onde vem a influência procurada?

Do terapeuta.

Se não assumir essa função, ele não tem utilidade – sua atuação é vã, sem sentido. A questão, muito geral e bem pouco falada nos livros, *está envolvida em graúdos preconceitos sociais.* Voltaremos a ela de mil modos.

Basta-nos, neste momento, estabelecer que, no *encontro*, o olhar *não pretende verificar* se o outro está ou não dentro de uma regra – social ou científica, tanto faz. O encontro é também uma guerra, e a atenta observação *recíproca é a lei* de qualquer luta. O encontro não acontece. O encontro *vai acontecendo* o tempo todo, até encalhar numa estereotipia da dança dos dois, que entram em papéis complementares, já vividos e que de repente estão no passado, fizeram-se recordação... Aí os olhos retomam a observação (e a denúncia): qual é a estereotipia *dele* (que eu vejo – ou sinto, caso estejamos em contato)?

A *dele eu* vejo. Cabe a *ele me* ver – e denunciar. Logo, *não há* norma ou regra a cumprir no encontro. A regra é perceber onde entrou uma regra – uma repetição –, para desfazê-la. Regra é antecipação de futuro e tem que ver com a segurança e a certeza. A não regra é a marca do que está acontecendo. O que está acontecendo é novo, ninguém sabe *ainda* qual é sua lei.

2 – *Relação entre emoção e comportamento*
As origens da noção de Couraça Muscular do Caráter, conceito básico do sistema, estão ligadas a uma das melhores perguntas que Reich se fez:
"Quando se diz para uma criança *Não chore*, o que é que ela *faz* para não chorar?" Generalizando: *como* se faz para não chorar quando se *tem vontade*, quando a emoção *vem* (como onda, a onda de choro que todos sabem/sentem como é)?

É preciso fazer, primeiro, uma distinção óbvia, que normalmente não é feita, entre

EMOÇÃO	e	RESPOSTA MOTORA
Sentir raiva	e	Brigar
Sentir medo	e	Fugir
Sentir tristeza	e	Chorar
Sentir amor	e	Derreter-se
Sentir alegria	e	Rir
Sentir felicidade	e	Dançar

RAIVA e **MEDO** são emoções ortossimpáticas (Sistema Nervoso Vegetativo), ligadas ao esquema ataque-fuga (*fight or flight*), ao instinto de defesa, de autopreservação, ligadas, enfim, a estímulos nociceptivos – *ameaças de castração* dos psicanalistas. Podemos chamá-las de emoções conservadoras, pois, sempre que presentes, *reforçam* a Couraça, o modo habitual de ser da pessoa. Os movimentos que as exprimem são velozes, angulosos, duros, fortes, retos.

AMOR e **TRISTEZA** são emoções parassimpáticas; a tristeza leva à fusão simples (choro), o amor à fusão a dois (fusão de

26 J. A. GAIARSA

contato-ternura-orgasmo). Gosto de pensar que são emoções rees-truturantes, pois *fundem* estruturas preexistentes (estruturas do cará-ter). Podemos denominá-las, também, emoções transformadoras ou autopoiéticas (produzem novas formas de caráter). Os movimentos expressivos que essas emoções animam são, antes, lentos, curvilíneos, ondulantes, *líquidos*, fluentes. Rir e dançar são os limites da liberdade. De início – nas primeiras vezes, na infância –, ninguém reprime *a emoção*; reprime (inibe) *o comportamento*. A repressão atinge ou se refere à motricidade, e *não* às funções vegetativas.

Em termos clássicos, a repressão não alcança nunca o Id, per-manece *sempre* no pré-consciente (propriocepção). Só chegam ao Id as repressões que chamo de terminais: a resignação, a depressão, a apatia, a indiferença.

Depressão, para mim, é o estado do organismo quando posto em situação muito desfavorável e *sem saída*[2]. A saída então é *reduzir a vitalidade* (depressão), de acordo com o que se descreve sob o título "Termodinâmica da opressão" (ver pág. 207).

Não creio que a depressão tenha parentesco direto com a tris-teza, com a famosa Melancolia. A tristeza – fusão espontânea de estruturas caracterológicas (durante o choro) – é a primeira tentativa de resolver o problema por mudança estrutural do agente. O luto é a situação modelo. Quando morre alguém com quem se mantinha muitas ligações (muitas formas de comportamento), é preciso *ina-tivar* essas respostas. Daí o choro. Quando não se chora a morte de um ente querido, este *não morre* para nós. E, quando a tristeza falha, quando a transformação não ocorre ou é ineficaz, a tristeza se faz depressão: baixa da vitalidade, estado semelhante ao dos esporos dos vegetais e dos protozoários; semelhante, talvez, ao estado de hibernação.

---

[2] Conceito citado por José Tapia em conferência do Congresso de A.T. Belo Ho-rizonte, 1981.

Voltemos:

Como é que *se segura* uma onda emocional?

Congelando-a *na* imagem.

Congelando a imagem – como se faz na TV.

Impedindo a fluência, a sequência, o desenvolver-se, o expandir-se.

Sabemos: o cérebro é uma gigantesca máquina visomotora[3], e quase tudo que acontece *na imagem* (visual) acontece *no movimento* (corporal).

É isto que nós *fazemos* quando contemos uma onda emocional:

paramos o movimento

(mais exato: transformamos um *movimento numa atitude*).

Certo dia, vi um cão que vinha pela calçada. Próximo a um portão específico – havia passado por outros sem mudar de direção –, o animal parou, olhou em volta e afastou-se, saindo da calçada e indo para o leito da rua. É de presumir que na sua experiência prévia, ao passar em outra ocasião por tal portão, o cão de algum modo tenha se sentido ameaçado ou sido maltratado.

Se o obrigássemos a passar *próximo*

ao portão, ele sentiria medo.

Podendo afastar-se, ele não

sente medo.

Ou: consome – absorve – a emoção (medo) num comportamento *a mais* do que teria (maior percurso) se não tivesse vivido o susto.

O medo básico dos animais é o do

predador ou do acidente mortal, e

contra eles só uma defesa é eficaz:

distância.

---

[3] Ver *Organização das posições e movimentos corporais – Futebol 2001*, do autor, São Paulo, Summus, 1984.

O homem civilizado (a criança mais ainda) muitas vezes *não pode* afastar-se daquilo que o assusta ou ameaça — familiares, situação no trabalho. Não pode afastar-se *de fato*. Então, afasta-se de direito: de ficção, de faz de conta.

Gosto de dizer (e é uma ideia básica para mim): afastar-se *virtualmente*.

Como?

1º – *Não olhando* para o foco da perturbação ou da ameaça.

2º – *Comportando-se como se* aquele foco não existisse.

3º – Organizando suas posições e movimentos como se naquele ponto *não houvesse nada – ou como se lá houvesse outra coisa*.

Toda repressão segue o modelo da cegueira histérica: *negação visual*. Notar que a visão interior (sonho, fantasia) ocupa o aparelho ocular tanto quanto e do mesmo modo que a visão usual, para fora[4]. A repressão atinge tanto o olhar que olha para fora quanto o que olha para dentro.

Podemos crer que o espaço interior está em correspondência unívoca com o espaço exterior. Não fosse assim, não conseguiríamos nos mover!

Estamos procurando mostrar que a socialização se faz principalmente assim: *todos* precisam ser cegos ante certas coisas. Ou: ninguém *pode falar* de certas coisas porque logo lhe dirão que aquilo não existe, que não é bem assim, que **não está vendo** direito...

O processo é menos exótico do que parece.

Os olhos não existem primariamente *para ver*, eles existem para *nos guiar* no mundo, achar o caminho, concretamente: as portas, as passagens, calçadas, ruas, evitando paredes, obstáculos, buracos, veículos.

> *Os olhos estão constantemente governando o principal de tudo que fazemos.*

---

[4] Ver *Organização das posições e movimentos corporais – Futebol 2001*, do autor, São Paulo, Summus, 1984.

Mais: os olhos dão a direção do movimento – e sua forma –, como se vê exemplarmente nas lutas: *ninguém* luta sem olhar para o outro *o tempo todo.*

É o olhar que *faz* a luta (mesmo quando a luta é de todo verbal). Logo, se não olho – se não *enfrento* (se não me ponho *de frente*) –, então não resolvo: estou fugindo.

Quase nunca *enfrentamos* o que mais incomoda, nem o de fora nem o de dentro de nós. Não *olhamos diretamente* para a pessoa, para a situação, para a ideia ou para a imagem que está nos perturbando. Por isso é que o resumo da Gestalt-terapia e da Análise Existencial é

Perceba, aceite e vá junto com o que está aí!

Incluído na distância – defesa básica – está um fator que me convém tornar explícito.

É a

velocidade.

A conexão é clara: quanto mais veloz é o animal, mais fácil é para ele *impor distância* entre ele e a ameaça. O valor dessa observação está no seguinte: os ensaios deste livro se baseiam, quase todos, na descrição da comunicação humana não verbal: naquilo *que se vê.*

Temos um plano de relacionamento verbal e outro não verbal. O não verbal se compõe da figura do outro (que *eu vejo*) e de seu *tom de voz* (que eu ouço), que é quase tão veloz quanto a visão. Quando alguém diz a *primeira* palavra de uma frase, *já ouvi o tom de voz* e sei de sua *disposição emocional* por meio desse tom.

Os processos *não verbais* da comunicação são sempre *muito mais velozes* que os verbais, o que cria a possibilidade de uma cisão entre as duas sequências ou, o que dá no mesmo, gera a possibilidade de pelo menos duas comunicações

simultâneas e diferentes.

Conflito, consciente-inconsciente, mensagem dupla, split e divisão interior são conceitos básicos de Psicologia que po-

30 J. A. GAIARSA

dem ganhar clareza e utilidade se reformulados segundo essa redescrição do diálogo.

Ponto essencial:

Podemos olhar para *qualquer ponto* situado dentro de meia esfera de raio praticamente infinito.

Vamos por partes:

Olhar para qualquer ponto. Olhamos de fato para *um ponto.* Ninguém compreende bem essa organização da retina. Temos a fóvea com 2 mm de diâmetro e, cobrindo-a, pelo lado externo, uma retina cuja acuidade visual já cai *nove décimos.*

NOVE DÉCIMOS.

O que significa esse fato, que é um dos primeiros dados da fisiologia da visão?

Significa que nós olhamos

de fato

para *um ponto.*

Esse *ponto* pode ser uma bola de tênis a cinco ou seis metros de distância ou o *pingo* de um *i* a distância que normalmente se usa para ler uma página. Se olharmos o pingo, *não veremos* o pé do *i com nitidez.* *Fora* desse ponto a visão *é muito ruim* – contrariamente à nossa sensação visual imediata[5]. Segundo esta, no campo visual vemos quase tudo com *igual* ou com *bastante* nitidez. Mas, se isso fosse verdade,

o olhar não mudaria tanto de direção.

Se vamos *agir* em relação *a um ponto* do cenário,

a primeira coisa que fazemos

é *olhar* para o ponto.

---

[5] A acuidade visual da retina, *imediatamente adjacente* à fóvea, é igual a um décimo da acuidade da fóvea. A da fóvea é 1.

A INCONSCIÊNCIA COLETIVA   31

Logo em seguida, e em função do que vemos,

colocamo-nos de *uma maneira* que seja possível nos aproximar, abordar, pegar, mover (coisas), mexer (em gente), ou nos afastar, proteger, fingir.

Se não olho *bem,*

não

me coloco bem.

então, assim, faço

que o objeto deixe de

ter plena realidade

para mim.

Não estarei inteiro ante o objeto/situação inteira.

A distribuição da acuidade visual na retina corresponde à nossa

ORGANIZAÇÃO MOTORA[6].

É difícil responder a dois estímulos significativos simultâneos. É uma situação – objetiva – de *conflito.* É difícil *responder* a ela. Um mocinho e *dois* (ou mais) bandidos, uma mocinha e *dois* (ou mais) pretendentes...

Há uma analogia que sempre me fascina, apesar de obscura.

O olhar (a retina) é o

modelo

para *a forma* da consciência.

(Se não é *o* modelo, é *um deles* – e dos mais importantes.)

Visão central é igual a consciência plena: iminência de ação, ação pronta para ser realizada – preparada.

Visão periférica é igual a *em busca,* próximo, *quase.* Quanto mais próximo do limite do ângulo de visão – mais periférico – estiver o objeto, mais distante estará em relação *à resposta* – menos *consciente,*

---

[6] Creio que é essa afirmação, ao mesmo tempo básica e obscura, que explica a organização de *todo o campo* sensorial em *figura* (o que *interessa,* aquilo com que vou me relacionar) e *fundo* (o que pouco importa, o que está *em volta,* o que não me toca).

32 J. A. GAIARSA

afastando-se da consciência ou *achegando-se* a ela conforme o movimento *dos olhos* – ou do objeto.

Tudo parece ficar mais claro quando se aceita que *o agir é* a função básica da personalidade e que o olhar "foi feito" para organizar a ação.

O difícil, quando se pensa nesses termos, é *compreender* o que sucede quando *movo* os olhos, ação praticamente instantânea, que pode se repetir seguidas e muitas vezes e *muda tudo* a cada vez que ocorre. Nem toda mudança de direção do olhar, porém, *muda tudo*. Para que isso ocorra é preciso que mude também *a atitude*, a preparação. Se esta não muda, então o olhar é *distraído*, olha sem ver, sem se interessar – com convergência e acomodação (direção e foco) *precárias*. Mesmo assim, essas mudanças visoposturais são sempre muito velozes: fração de segundo ou poucos instantes.

A *corrente de consciência* (W. James) é *muito* semelhante ao cinema ou à TV: mudança de quadro/situação a cada poucos momentos (como o olhar espontâneo). Também numa conversa banal acontece assim, porque eu, o outro ou ambos mudamos o visual e o tom de voz a cada poucos instantes.

Uma meia esfera de raio praticamente infinito (continuando com o olhar).

Não nos seria possível reprimir se não fossem grandes as possibilidades de variar a direção do olhar.

Se o campo visual fosse um cone estreito, não poderíamos *deixar de ver* o objeto. Nosso campo visual é meia esfera (180°), com quase 150° de visão binocular.[7] Digo que o raio é praticamente infinito porque podemos ver estrelas distantes muitos anos-luz.

---

[7] Considerando a mobilidade fácil dos globos oculares.

Logo:

posso olhar para muito *longe,*
posso olhar para muito *perto,*
   – olhar para mil planos sucessivos daqui até lá;
posso olhar muito para a *direita,*
posso olhar muito para a *esquerda,*
   – olhar para mil direções da extrema esquerda à extrema direita;
posso olhar muito para *cima,*
posso olhar muito para *baixo,*
   – olhar para todos os níveis intermediários.

Posso fugir com os olhos para um número
praticamente infinito de pontos

(há um número praticamente infinito de "defesas").

O *contrário* dessa situação visual é o... elevador. No cubículo minúsculo, é uma graça ver o esforço que todos fazem para *não se olhar.*

Quando o espaço é pequeno, é muito difícil... reprimir. Não pelo ato – sempre possível –, mas sim porque o ato é imediatamente percebido por qualquer pessoa interessada em perceber.

Minha primeira análise da repressão como *distanciamento virtual*[8] – dado histórico! – foi feita com a expressão de desdém.

Mais frequente na mulher que no homem, o desdém tem tudo que ver com a direção do olhar, que fita de lado, para baixo e para longe; sobrancelhas elevadas, face elevada, cabeça ligeiramente inclinada para o lado oposto ao do olhar.

A desdenhosa, quando desdenha, *diz* para o outro (que, se for sensível, perceberá muito bem o que lhe está sendo dito pela atitude):

---

[8] Distanciamento virtual *é o que é feito pelo movimento ou posição dos olhos,* que olham *como se* o objeto não estivesse lá, naquela direção, àquela distância.

Você não me atinge (não me toca, não me interessa, não me importa):

1 – porque está de lado (*foi posto* de lado);

2 – porque está embaixo (*foi posto* embaixo);

3 – porque está longe (*foi posto* longe).

O *zoom* das objetivas de cinema ou de TV pode mostrar bem o distanciamento virtual que o olhar desdenhoso faz com o outro.

No plano das palavras e do significado das coisas, ocorre *processo análogo* ao visual. Certos *sentidos* da frase

não são percebidos.

Os psicanalistas são hábeis em *apontar* (direção!) para lados dos dados que estão aí, mas que o paciente não percebe.

Cada interpretação tem, entre outros, o seguinte sentido:

–Você *olhou* para este lado?

–Você *percebeu* tal sentido?

– Olhe de outro jeito (ângulo) e verá o que não está querendo (conseguindo) ver.

Qualquer pessoa sabe o que quer dizer a expressão (verbal): indireta, evasiva, alusão, insinuação. As frases, no caso, *apontam* para o que se pretende, mas *de longe*. Basta falar assim para perceber que o verbal *comporta-se como* o visual. O verbal funciona *analogicamente* em relação ao não verbal.

A faca – que pode matar – de repente revela esse sentido quando a pessoa está odiando.

Antes era *faca de cozinha*, ora!

Agora virou *arma assassina*.

A essa luz, toda repressão e toda interpretação podem ser comparadas com o bem conhecido passatempo de descobrir quantos objetos *ocultos* existem em certos desenhos. Neles,

a cena é sempre a mesma,

mas cada vez eu vejo *outra coisa – em função da atitude ativa de cada momento.*

Perceber um *conteúdo inconsciente* é *igual* a achar mais uma ave na floresta desenhada – ave que está e *sempre esteve* lá.

Conceito é o termo que caracteriza elementos ou aspectos comuns a certo número de objetos, de pessoas ou de situações. *Entender* um conceito envolve, pois, perceber esse aspecto em vários objetos – e aí pode haver repressão. Ou não percebo o critério de semelhança ou, em certo objeto, *não vejo* o aspecto que o conceito caracteriza.

Por esse caminho poderemos começar a compreender as conexões entre o irracional e o racional, entre a imaginação e a razão, entre a fantasia e a lógica – na verdade, entre o visual e o verbal.

Voltemos ao cão que se desviou do portão e a tudo que Freud *não viu* da... repressão.

A repressão tem tudo que ver *com os olhos* e com a *motricidade*, e só secundariamente com as palavras.

O cão aumentou o percurso (afastou-se do portão) e, pois, *gastou mais energia*; creio que a energia do medo (no caso) foi consumida assim – e ao fazer a volta o cão *não sentiu* medo.

O modelo serve para fazer pensar a respeito de todas as defesas neuróticas ligadas à *movimentação* do corpo, das ideias, das imagens, dos sentimentos.

Denomino os conjuntos desse tipo de defesa como

COURAÇAS DINÂMICAS.

Nelas a repressão é feita pela movimentação excessiva, inútil, pelos mil floreios da frase, da voz e do gesto, pelos movimentos do corpo inteiro. Cabem aqui tiques, sestros, cacoetes, gestos típicos, afetação, exibição, estabanamento, expressões faciais excessivas (caretas) e quase todas as *dramatizações* das pessoas.

A couraça dinâmica é talvez característica dos tipos histéricos e *hipomaníacos* – entendidos como tipos humanos e não como tipos patológicos. Sua expressão clínica facilmente ilude o inexperto. A pes-

36 J. A. Gaiarsa

soa se apresenta *muito* móvel, variada, colorida, interessante (tudo que se move *chama* a atenção). Por vezes é preciso algum tempo até começar a perceber *que a mobilidade é cíclica, repetitiva, automática*. A pessoa, como as mariposas, gira sempre em torno de um centro que nunca é alcançado – ou é cuidadosamente evitado. A pessoa não enfrenta e dificilmente fixa seja o olhar, seja a atenção, seja o interesse.

Mas há as

COURAÇAS ESTÁTICAS,

e nestas o mecanismo repressor é bem outro. Ele aparece sempre como

reforço da postura.

Nesse caso o termo "couraça" cabe com perfeição (no outro caso não, é bom assinalar).

Sempre que frustrada ou sempre que inibindo a emoção, a pessoa se contrai, se compacta, se adensa – *encolhe*[9].

Se segura.

A pessoa se segura quase como se *outro* a segurasse, e esse outro (diga-se) é sempre uma identificação – com a mãe, com o pai ou com quem for.

Essa é uma analogia feita para esclarecer a ideia, mas na realidade o processo é mais sutil e complexo porque

– segurar-*se* e

– segurar *o outro*

são movimentos radicalmente diferentes – como se imagina.

Quem quiser imaginar uma situação que permita experimentar uma couraça estática pode recordar o que acontece quando se *segura* uma forte vontade ou necessidade de defecar: o esfíncter anal se faz centro de convergência de todas as... intenções da pessoa (de

---

[9] O último nome que Reich deu à neurose foi Biopatia de Encolhimento (*Shrinking Biopathy*).

sua atenção). *Se a pessoa se distrair por um instante,* o controle pode falhar. O mesmo sucede se a pessoa tiver de fazer movimentos de corpo mais ou menos amplos, ou se tiver de pensar ou fazer outras ações. A respiração fica limitada ao mínimo: qualquer movimento inspiratório, que aumente a pressão intra-abdominal, ameaça desencadear (involuntariamente) a evacuação.

Aí temos as quatro características daquilo que a criança faz quando lhe dizem imperativa ou ameaçadoramente

NÃO CHORE.

1 – Concentra-se fortemente em *segurar* (manter contraídos) os músculos:

- que fazem descer as sombrancelhas;
- que fazem descer os cantos da boca;
- da laringe, que tendem a fechar-se e podem fechar-se de vez (som do choro);
- respiratórios, que provocam o soluço.

2 – Fica de todo presente (atenta, presa) a esse controle – e a quase mais nada. Parece distraída, desatenta, desinteressada, "longe".

3 – Tende a mover-se o menos possível ou *sempre do mesmo modo.*

4 – Prende ou reduz a respiração.

O mesmo vale para a contenção de qualquer *comportamento* emocional. É assim que se *segura* a raiva (e não se briga), o medo (e não se foge), o amor (e não se derrete).

É fundamental dizer mais coisas sobre a diferença entre

repressão *aguda* – a que descrevemos – e

repressão *crônica.*

Quando a pessoa (a criança) se vê obrigada a repetir muitas vezes a repressão e a mantê-la por longos períodos, acaba

deixando de perceber

a força que faz ou vive fazendo,

e a ansiedade inerente à freada motora.

38   J. A. GAIARSA

A ansiedade é sempre devida *a um comportamento* impedido de fluir; é a expressão subjetiva direta da *inibição respiratória* que acompanha qualquer repressão.

Tanto Moreno quanto Fritz Perls definem a angústia como um *medo do palco (stage fright)*: medo de entrar em cena, de desempenhar um papel desconhecido, de empenhar-se, de comprometer-se. Se *me preparo* para agir, sobe meu nível de atividade metabólica (de energia), e então eu preciso de *mais* oxigênio. Se, então, eu não respirar mais, fico angustiado (asfixiado, com menos oxigênio do que preciso) – sem falar da atenção que, nos momentos críticos, prestamos à situação ou ao outro, a qual é invariavelmente acompanhada de uma *parada total* da respiração.

Note: a repressão (crônica) raramente – e só por momentos – faz *parar* a respiração. Após uma parada inicial (*no momento* da repressão), a respiração retorna, mas sempre contida, limitada.

Pode-se dizer, com certa precisão, que a ansiedade (angústia) é a consciência imediata da *limitação funcional* da inspiração. As coisas se passam como se a pessoa *já estivesse* no seu limite superior de ventilação pulmonar. Angústia é a consciência – vaga – de *não poder* ampliar *mais* a respiração, de precisar respirar mais e não saber como.

De bicicleta, vou subindo uma rampa longa. Quase no alto, sinto-me no limite de minha respiração – estou "sem fôlego". Penso em dar a volta e começar a descer, mas me vem um intenso medo de cair. Para fazer a volta *preciso me concentrar* (controlar, conter, *parar de respirar um instante*), e nesse preciso momento não posso deter a respiração, pois estou usando-a ao máximo. O medo é tão forte que paro, desço da bicicleta e faço a volta a pé... (Quando descansado, faço a curva sem dificuldades.)

É um paradoxo: as pessoas, com a repetição das inibições, *deixam de sentir angústia*, mostrando apenas *mudanças crônicas* na postura.

Certa vez, como dramatização momentânea, realizei uma luta corporal em câmera lenta com uma mulher de 50 quilos (eu peso 75). Embora miúda, a pessoa era bastante forte e a luta durou uns bons minutos. Terminei a cena porque eu precisava respirar mais e, uma vez parados, fiquei muitos segundos resfolegando ruidosamente.

Espanto: ela estava com a respiração lenta e tranquila de sempre – se bem que ligeiramente cianótica. A cianose me dizia que ela *também* precisava de oxigênio, mas

– ou ela não *sentia* a falta;

– ou ela *controlava* a respiração.

Ela negava sentir falta e, ao mesmo tempo, olhava-me com certa superioridade, porque eu precisava tanto respirar e ela não... Nesse caso, pela primeira vez, defrontei-me com a força das inibições respiratórias, que conseguem resistir mesmo a mecanismos fisiológicos primários.

Após a luta, claro que o sangue dela tinha tanto gás carbônico quanto o meu, mas ela *treinara* resistir ao desejo, à necessidade ou à vontade de respirar. Logo, as inibições ditas psicológicas *têm força* para alterar mecanismos fisiológicos poderosos – e *vitais*!

Caso extremo: mulher de 30 anos com tórax (ao Raio x) de pessoas de 40 ou mais, com ossificação adiantada das cartilagens costais (diagnóstico do radiologista). Contagem de glóbulos vermelhos no sangue: 6 milhões por mm^3 (normal para a mulher: 4,5 milhões a 5 milhões). O sistema de transporte de gases de seu corpo funcionava como o das pessoas que *vivem* em lugares muito altos – com oxigênio rarefeito na atmosfera. Essa pessoa respirava *tão pouco* (ossificação das cartilagens costais) que a baixa taxa crônica de oxigênio no sangue estimulara a medula óssea a tentar compensar a falta de O_2 pulmonar com a produção de excesso de glóbulos vermelhos! A pessoa *sentia* angústia? Não!!!

(Não havia dado clínico que permitisse compreender as anomalias de outro modo.)

Segundo a Psicanálise, essas estruturas automáticas se mantêm por alguma espécie de inércia – compulsão repetitiva, Tânatos.

Depois, Freud descreveu – e nunca se deu, em Psicanálise, o valor que o conceito tem – a chamada vantagem secundária da neurose: a pessoa procura (conscientemente ou não) um lugar ou uma situação em que seus automatismos se fazem funcionais, úteis; aí eles começam a ser reforçados – não raro, até a ser pagos... É o caso de filho de pai tirânico, que ficou obediente e submisso, sendo visto como aluno, operário ou funcionário excelente.

Pessoalmente, só fico feliz quando acho o autorreforço que o próprio comportamento estimula aqui-agora, como no exemplo a seguir. Estou num táxi. O motorista, de corpo mirrado, aperta-se simultaneamente contra a porta e contra o encosto do banco, afundando a cabeça no tronco. Parece encurralado ou acuado – o tempo todo. Dirige de forma espantosa: vai até depressa e sempre a poucos metros, e meio à esquerda, do que vai à frente. O espantoso é que, quando o da frente segue rumo diferente do nosso, entrando por uma lateral, o taxista procura imediatamente outro carro e se põe atrás dele (sempre perto!) e ligeiramente à esquerda... Se o outro frear, é quase certo que ele colidirá. Interpreto assim: ele quer/precisa de

proteção

do outro – por isso vai atrás.

Precisa de proteção porque se comporta como se estivesse encurralado (atitude crônica, couraça). Do jeito que vai, parece um filho atrás do pai. Mas toda proteção é uma prisão. O esforço/ trabalho de

proteger-se

gera

o risco/perigo de colisão,
o que alimenta o medo aqui-agora
e a necessidade de proteção...

Examinávamos alguns modos de *conter* afetos. Há pessoas que se comportam e/ou mostram a atitude de quem contém *permanentemente* a vontade aguda de evacuar. Os psicanalistas encontrariam então, na certa, outros sinais de analidade, e vive-versa: se a pessoa é *anal-retentiva*, certamente veremos *na sua postura* certo jeito de quem quer permanentemente evacuar – e se segura.

A contenção sexual é mais complexa. Além de *segurar* (ou apertar) vários músculos do períneo e da pelve, a pessoa tem de conter os braços (que querem se estender, pegar, abraçar), os olhos (que mostram o desejo ou o amor), a respiração (que tende a se ampliar). A repressão se faz, pois, à custa de um *desvio* motor considerável. A energia que moveria o corpo na direção da aproximação e do contato (no caso do sexo) passa a *reforçar a postura*. A pessoa, em vez de *ir*, reserva-se, fecha-se, empertiga-se, desdenha – diz *não* com o corpo ou tem o jeito de quem *se põe* distante (virtualmente).

Em vez de ação, *contra-ação*; em vez de ir,

contra-ir (ir contra si).

Resta-nos discutir **AS COURAÇAS FLÁCIDAS** (nome infeliz), ou hipotônicas (idem, uma couraça não pode ser mole!).

Vejo dois grupos:

– as couraças *passivamente frouxas*, ou couraças terminais. Elas se instalam pouco a pouco, quando as repressões crônicas são muito incapacitantes ou a personalidade é muito frágil. Resignação, apatia, depressão, indiferença global, desinteresse, tédio, enjoo de tudo, desânimo, amargura;

– as couraças *ativamente flácidas*, que funcionam mais ou menos como abafadoras de estímulos, como se a pessoa estivesse envolvida num acolchoado espesso que ao mesmo tempo impõe lentidão a todos os movimentos e produz uma espécie de anestesia global no corpo. Essas hipotonias podem ser comparadas ao reflexo de defesa de muitos animais que, quando ameaçados, *fingem-se de mortos*, ficam inertes e flácidos.

42   J. A. GAIARSA

Reich cuidou pouco das couraças hipotônicas. Dizia ele que, mesmo em indivíduos flácidos, sempre se podem encontrar regiões do corpo tensas e por vezes bem *escondidas* – na garganta, na língua, na coluna, no períneo.

Reich descreveu essa reação sob o termo Crise de Anorgonia. Em certos momentos muito críticos, quando a couraça – quando todo o sistema defensivo – ameaça falhar, há uma fuga de toda a vitalidade para o centro do corpo, e a periferia fica funcionalmente morta. O fenômeno pode ser geral, envolver o corpo todo e se constituir em emergência clínica, em princípio grave, ou pode ser local, ocorrendo em uma área que está sendo ativada ou trabalhada.

"Vitalidade" significa circulação, secreção e tônus muscular; o local desvitalizado muda de cor (torna-se cinza ou cianótico), muda de textura (varia o conteúdo líquido) e fica flácido. Sensorialmente há acentuada anestesia, local ou geral.

Questão final – e muito importante:

nenhuma inibição é apenas inibição.

As repressões *nunca* contêm *apenas*. Ao mesmo tempo que contêm uma expressão emocional, *as repressões modelam posições* corporais que exercem claramente efeitos sobre a própria pessoa e sobre as demais: são *novas atitudes* e *novas expressões.*

Exemplo – sempre com o choro. A criança que passa a conter cronicamente o choro pode apresentar-se, por exemplo, *com o sobrecenho franzido e carregado (expressão de concentração, de preocupação, talvez de severidade)*, com a boca cronicamente deformada (*cantos dos lábios para baixo*), numa expressão que pode ser de *amargura, de descrença, de desprezo.* Ela pode segurar os soluços nos ombros, que se mostram puxados, por exemplo, para trás (contração dos músculos que aproximam as omoplatas da coluna), *gerando uma expressão de despeito.* Enfim, ela pode segurar cronicamente o diafragma, mantendo-o imóvel ou quase (impedindo o soluço), o que altera toda a mecânica respiratória e toda a expressão do tronco.

A INCONSCIÊNCIA COLETIVA   43

Em cada caso, pode-se acentuar mais uma ou outra das conten-
ções, gerando-se assim muitas *expressões emocionais*
crônicas
— cronicamente *estampadas* (fixas)
na face ou na postura. Essas expressões *derivadas* das repressões são
mal analisadas em Psicanálise e definidas como *vantagem secundária*
da neurose. O que acontece é que, com essas expressões no rosto
ou no corpo, a pessoa provoca *nos demais* certas respostas que se
fazem, por sua vez, remodelantes em relação ao personagem.
É muito importante compreender bem esse ponto.

Inibição não quer dizer apenas *interrupção* do movimento, conforme o significado do termo quando usado popularmente e em
neurofisiologia da motricidade. Como *todas* as atitudes são por definição paradas, *a atitude de inibição é tão atitude quanto qualquer outra*,
isto é, participa do diálogo e do relacionamento da pessoa com as
demais e consigo mesma.

O menino que, ao *conter* o choro, cristalizou uma expressão constante ou frequente de *preocupação* irá:

1 – *preocupar-se* com *tudo* que lhe sucede;

2 – impressionar os demais pela sua expressão e pelo seu modo
de *pessoa preocupada.*

A criança que, ao conter a raiva contra o pai, foi adquirindo um
queixo duro e pernas superfirmes no chão (quem vai brigar começa
se firmando no chão) terá boas chances de se tornar um... líder forte!

A criança que conseguiu conter o medo num espremer crônico
de ombros passa a sentir *apreensão crônica* em relação a tudo – *será
que não é perigoso?*

A repressão não *para* apenas. Ela
ressculpe
a postura, que passa a
funcionar, expressivamente, como qualquer outra postura, desper-
tando respostas nos demais, que retroagem sobre o personagem

44   J. A. GAIARSA

reprimido, criando novas relações. É assim que muitos modos de reação da pessoa são *construídos sobre* as posições repressoras. É assim que são geradas as complexas estruturas das defesas psicológicas inconscientes (Freud) ou as complexas estruturas do caráter (Reich).

3 – *Expressão verbal e não verbal.*

Muitas vezes ouvi de pessoas que eu exagero na desvalorização da palavra em benefício da expressão gestual. Parte dessa crítica se deve a algo irremediável: se a mim importa muito a Couraça Muscular do Caráter (CMC), *não* ficarei escrevendo sobre *outros* aspectos da Psicologia; cabe ao linguista ou ao psicanalista falar sobre o valor da palavra, por exemplo. Espero que o leitor perceba e compreenda que minhas afirmações *não* negam outras posições e outros estudos – a menos que se diga explicitamente o contrário.

A outros aspectos da mesma crítica, tenho os seguintes reparos a fazer.

A CONVERSA FIADA CÓSMICA

Acredito que quatro quintos da conversa humana – de todos, no mundo todo, o tempo todo – sejam de *conversa fiada*, o *passatempo* fundamental da humanidade.

A conversa fiada é *espontânea*, nasce facilmente, brota como cogumelo, em qualquer lugar, a qualquer momento, e normalmente versa sobre banalidades.

As pessoas

falam muito

– de quanto são boas, capazes, bem-sucedidas, espertas, inteligentes, cumpridoras de seus deveres. Entram quase todas e quase sempre na *exibição* de *poderio*, comportamento descrito pelos zoólogos como o *mais frequente* dos comportamentos animais (depois do comportamento alimentar e de repouso).

Mas, entre os animais, que não falam, o confronto é de força real, física – agressão corporal. Por isso ele *tem* fim, um deles se machuca, sai da briga e *não volta* a brigar a *mesma* briga (com o mesmo oponente).

Embora entre os homens se possa falar em vitória ou derrota *verbal*, mesmo que ela acarrete sensações e sentimentos de certa força, é claro que não se pode comparar:

lesão física (e perigo de morte)

com

lesão de amor-próprio ferido.

E mais: dadas a versatilidade da palavra e as muitas aptidões das pessoas, aquele que foi derrotado em um momento pode derrotar em momento posterior – o que também *não* acontece com a luta física dos bichos. Por isso a *confrontação verbal* entre as pessoas tende a ser interminável. Parte grande do Papo-Furado Cósmico é

Quem é *melhor* do que *quem?*

Eu ou você?

Meu time ou seu time?

Minha casa ou sua casa?

Meu carro ou seu carro?

(Minha renda ou sua renda?)

Meu barraco ou seu barraco?

A calça velha que *eu* recebi de esmola

ou a calça velha que *você* recebeu de

esmola?

Não se trata de um fenômeno apenas humano ou natural; tampouco depende de um ou de outro regime social ou econômico. É o mais velho costume dos *bichos* – e por isso um costume *muito tenaz*.

46 J. A. GAIARSA

Sabemos que também na favela (entre os *de baixo*) existem contestações contínuas para estabelecer quem é o maior e há a exploração, pelo mais astuto ou mais forte, dos irmãos de infortúnio.

Lado triste – demais – da humanidade: os miseráveis em luta pelo poder *entre eles, cada vez mais divididos e dominados*...

É um comportamento deveras irracional – isto é, prejudicial *a todos* – que não pode ser compreendido como *luta de classes*, como algo *apenas* socioconvencional e/ou recente na História. É algo natural, com raízes mais do que profundas em nosso ser.

Não pretendo com isso apoiar ou me resignar a esse verdadeiro mandato biológico.

Pretendo, antes, que os interessados (todos nós) não se iludam com fórmulas simplórias que não servem para a luta eficaz.

Gosto de pensar: a única maneira capaz de impedir a luta de cada um contra todos (e o domínio dos poderosos) é a

cooperação

– com benefício *maior para cada um*, em vez de promover o benefício de uns poucos e o prejuízo de tantos outros: prejuízo de renda (econômica), de prestígio, de respeito, de realização, de produtividade, de criatividade...

Não se trata, pois, de *cada um* ou de todos se fazerem bons, compreensivos, generosos etc. Trata-se de aprender *a cooperar*, a trabalhar/funcionar *juntos*.

O *mecanismo* da sobrevivência do mais apto não se formou *a fim de eliminar o menos apto*; formou-se porque, desde sempre, os seres vivos estão envolvidos no seguinte dilema dialético: se *há* recursos abundantes, *todos* sobrevivem. Se *não há*, então lutam – e sobrevivem os vencedores.

Mas a Natureza não soube conter a continuação do Paradoxo que se liga à capacidade de reprodução dos seres vivos: se *há* recursos, os animais se reproduzem *tanto* que, cedo ou tarde, chega o momento em que os recursos se esgotam – e a luta recomeça!

A INCONSCIÊNCIA COLETIVA   47

É preciso, pois, aprender a *cooperar* e a dosar a reprodução. Aí poderemos dizer que melhoramos um poderoso processo natural.

Talvez nos tenhamos afastado demais de nosso tema – embora eu não pense assim! Dizíamos que o comportamento de exibição, de poderio, está presente em muitas conversas; que *nas conversas* (no verbal) nós estamos constantemente acirrando, estimulando e
> *reforçando*

essa arapuca da Natureza.

Arapuca da Natureza (que ela fez e na qual caiu): a Natureza inventou o processo de competição a fim de melhorar desempenhos, mas na espécie humana esse processo natural está funcionando pessimamente – fomentando a *destruição da espécie* em... benefício (!!!) de alguns indivíduos (???).

Logo: a Natureza (digamos) *caiu* na sua arapuca. *É função nossa* salvá-la.

Uma das soluções seria: quando houvesse muito de muitas coisas para todos, a competição entre as pessoas se reduziria ao mínimo ou começaria a se exercer em áreas menos genocidas *que a da sobrevivência.*

A palavra, o papo vazio, pois, serve demais à divisão, à oposição, à luta de cada um contra cada um e ao enfraquecimento de todos. O bate-papo nosso de todo dia – e do dia todo – favorece os poderosos muito mais do que os oradores políticos e os sociólogos estariam dispostos a crer.

Lembremos o óbvio nunca lembrado (porque mergulhados no papo vazio): só é *meu o aqui-agora*, só nele posso fazer, acontecer, existir, preparar. Se perco meus momentos – muitos deles – no papo vazio, estou
> *irrealizando-me*

o tempo todo...

48 J. A. Gaiarsa

(e deixando o Sistema se reforçar cada vez mais, em mim e no meu inteligente interlocutor). Não raro, estamos os dois falando em como mudar o Sistema, sem perceber que essa discussão

é parte – legítima! –

do Sistema...

Fale – mas *não* faça. É a Psicanálise? É o Sistema?

O Delírio Jurídico da Humanidade responde, com certeza, por mais um tempo grande do papo vazio. As pessoas ficam, para fora (com o outro) ou para dentro (consigo mesmas – diálogo interior), tentando explicar, justificar e provar que seus motivos e razões são legítimos e legitimam o que elas fazem; legitimam, principalmente, tudo que *não* fazem... *Eu sei que deveria, mas...*

O complemento dessa interminável arenga jurídica pela qual me protejo de sanções sociais hipotéticas e ameaçadoras é o constante procurar – provar – dizer

quem

é *o culpado* e

quem

é que *deveria.*

A busca do culpado é, com certeza, nosso machado de pedra cultural, trogloditas que somos. A busca do bode expiatório – nem sempre isso é dito – é tática para *não* resolver, para deixar tudo como está. *Você deve* significa, nove em dez vezes, *Não sei o que fazer.* (Depois: *Como é ele que deve, não vou fazer nada.*) Em suma: *Você deve* significa *Se você não fizer assim, vou me sentir muito mal – mas não vou fazer nada a esse respeito (não sei o que fazer).*

Como parte mais do que importante do Delírio Jurídico da Humanidade – presente no papo vazio –, temos as queixas, os queixumes, lamentos, protestos e críticas, acusações e denúncias:

Tudo que sofri para ser, ou para continuar sendo, um

cidadão honesto e respeitável, e tudo que eu
não recebi – de volta
por ser bom filho, bom
pai, bom profissional...

SOCIEDADE DOS INFELIZES ANÔNIMOS

A vítima é muito atuante em um número considerável de pessoas – até aí pode-se compreender, porque *há* muito sofrimento, crueldade e injustiça no mundo, mas a vítima *nada* faz além de queixar-se. E sua queixa diz: *Olhem tudo que me custou ser bom cidadão. Vocês não acham que eu mereço ter o meu peso aliviado?* Quem ouve tacitamente *compreende* e logo volta com *suas* queixas, que o outro *compreende...* **E nenhum dos dois se mexe!**

Outra fração importante do tempo de papo vazio é a
fofoca[10],
isto é, falar de tudo que o
outro
é e não deveria ser – a crítica
a todo transgressor das normas consideradas estabelecidas nos pequenos grupos em que cada um vive; na verdade, agressão ao outro, que faz de jeito diferente do meu.

Em termos familiares: essa fração da conversa vazia é relato de projeções que cada um faz, no outro, de todas aquelas características pessoais que, em seu pequeno mundo, não *se deve* ter.

Entre a exibição de muitas virtudes pessoais e a condenação dos vícios dos outros existem, como é fácil imaginar, uma secreta harmonia e uma profunda complementação.

---

[10] *Tratado geral sobre a fofoca*, do autor, São Paulo, Summus, 1978.

50   J. A. Gaiarsa

Projetar quer dizer acreditar que o outro é capaz *de fazer* aquilo que secreta ou conscientemente eu também gostaria de ser capaz de fazer. Resumindo: a conversa vazia se compõe:

de exibição de excelência;
de delírio jurídico;
de fofoca.

Não parece cardápio apetitoso.

Sobra um tanto – 10%? – de conversas funcionais:

– ligadas à ação, influindo nela e sendo influídas por ela;
– pensadas, com presença e atenção ao objeto da conversa;
– com cuidado na escolha das palavras e na construção das frases;
– *e no modo de dizê-las.*

O modo compreende o tom de voz, a atitude, o gesto (a música e a dança que acompanham a conversa valiosa). *Toda conversa desse tipo*

é

terapêutica

– faz bem

a ambos (ou a vários).

Há mais colocações pertinentes antes de concluirmos que a conversa

é a maior (a mais *comum*, a mais *frequente*) das resistências ao diálogo dentre os meios que usamos a fim de evitar o encontro, o pessoal, o emocional, o íntimo, o desejado, o temido...

Em certa ocasião, escrevi na parede do meu consultório:

Experimente falar *sem* usar as seguintes palavras:

DEVER (obrigação)

CULPA

NORMAL

NATURAL
FAMÍLIA (mãe, pai, filho, esposa, irmão)
OLHE O QUE ME FIZERAM!
OLHE O QUE EU FIZ!

Experimente, leitor...

Há alguns anos – após muitos de exercício profissional – persuadi-me de que as pessoas, quatro em cinco,

não estão interessadas

nem em *se curar* (?) – em melhorar de vida;

nem em saber o que sucede consigo;

nem em mudar de vida;

nem – é claro – em mudar o mundo, seja o pequeno, de cada um, seja o grande, de todos nós.

As pessoas, quatro entre cinco,

não estão interessadas

em fazer seja lá o que for.

Estão, quatro entre cinco,

interessadas em ser ouvidas

e, de preferência, que não se diga a elas *nada* de volta – ou se aprove tudo que foi dito.

Assim nasceu Rogers. Que eu prezo.

Elas não estão interessadas em ouvir a respeito de medidas, reparos ou propostas que contribuam de fato para mudar a elas mesmas ou às circunstâncias de sua vida. Por isso existem psicoterapias com dez anos de duração – e por isso existe a Psicanálise.

Há mais um fato – verdadeiro golpe de misericórdia na conversa fiada. Havia muito que eu vinha prestando atenção ao que denominei as

microdicas

do diálogo, presentes nos movimentos, geralmente ligeiros, que as pessoas fazem *durante* o diálogo – de olhos, de sorriso, de cabeça, de mãos. Tudo *muito rápido*: fração de segundo.

52   J. A. GAIARSA

Antes de chegar à minha síntese sobre as microdicas, encontrei-a pronta em Bandler e Grinder[11].

A fórmula:

a resposta não verbal a qualquer pergunta é dada

no primeiro segundo

após a pergunta ser feita.

Todo mundo sabe disso. Qualquer pessoa, ao fazer a outra uma pergunta que lhe importa muito,

olha atentamente

para ela enquanto fala.

E sabe a resposta *ainda antes* de a pessoa *começar a responder*

– *ou desvia... fortemente o olhar,*

para *não ver* a resposta!

Quem *quer* se enganar sobre a posição do outro fala sem olhar. (Mas também se pode *não* olhar a fim de ouvir mais finamente a voz...)

Os policiais sabem olhar muito bem. Na verdade, é o policial *em cada um de nós* que trabalha assim (*olhando com atenção*) quando o caso deveras nos importa – ou ameaça!

Se repararmos nas pessoas enquanto falam umas com as outras, constataremos que o olhar do falante se *fixa pouco* na face do ouvinte, mas fixa-se *em momentos muito estratégicos*, justamente quando são respondidas as coisas que mais importam a quem pergunta.

Vamos além.

A fala usual não é só, nem principalmente, uma fala; isto é, ao longo da conversa fiada,

o que se diz

importa pouco,

importam mais a encenação, o teatro, a cena, a pose – e a política! (Quantos estão do meu lado e quantos contra?)

---

[11] R. Bandler, J. Grinder, *Frogs into princes*, Moab, Real People Press, 1979.

Aliás, essa, a meu ver, é a melhor justificativa para a conversa fiada.

Seria ótimo se as pessoas aceitassem que a conversa comum é um passatempo que poderia fazer bem a todos se fosse brinquedo de faz de conta, um teatro para todos terem chance de se apresentar e propor. A conversa fiada se faz tediosa (ou odiosa) no momento em que o falador

quer (exige) ser levado
a sério.

Exige que se tome sua fala como expressão de seus atos e posições conscientes e intencionais.

Minha opinião, meu pensamento, é uma coisa muito séria!

(Mesmo que não seja, mesmo que não dê em nada nem leve a nada.)

Basta a menor contestação e logo as pessoas se alvoroçam e iniciam a discussão (que, quatro em cinco vezes, é para ver *quem ganha*, com pouquíssima ou nenhuma conexão com o que quer que seja). O que nos leva a outra denúncia:

Um dos *mecanismos* fundamentais da Repressão Coletiva é esse dever de *levar a sério* as irrelevâncias da conversa fiada.

Enquanto todos se comportam como se essa fieira de tolices fosse uma coisa de fato séria,

ficam todos sustentando – reforçando –
a todos nessa atividade inconsequente
(que não tem consequência).

Há muito me surpreendem – e entediam até a morte – a regularidade, a constância e a semelhança dos termos e jeitos de falar das pessoas, que estão falando sempre de meia dúzia de coisas, de meia dúzia de modos diferentes (*apenas* meia dúzia).

Mulher falando de marido.
Mãe falando de filho.
Funcionário falando da empresa.
Conquistador falando de conquistas.
Médico falando de casos.
Negociante falando de negócios.
Marido falando de mulher.
Filho falando de pai...

Os problemas comuns da vida têm
frases feitas (três ou quatro)
para ser ditas.

Nascimento, morte, casamento, emprego, noivado, conquista, doença, separação, sorte, azar, deu certo, deu errado, *Sabe como é a vida...*
O mal não está nos tópicos, é claro. São o próprio cotidiano. Somos nós. O mal está na forma de referir-se a ele – sempre o mesmo.

O casamento é o melhor exemplo:
Quando há briga e a mulher vai falar com a mãe, e o marido com um amigo, ambos, mãe e amigo, ouvem:

– o que já estão cheios de saber;

– sempre as mesmas coisas;

– em resumo e sempre:

Aguente ou *Veja lá!*

(E como explicação: *Casamento é assim, Mulher é assim, Marido é assim...*) Todas as *explicações* (dito de outro modo) *reafirmam o sistema e os costumes* – e o indivíduo que se despedace, porque ninguém está interessado nele.

Creio que posso repetir, e espero que agora seja claro:

a maior e a *pior* resistência de
todos à mudança é a conversa fiada –
com o outro, com os outros *e*
principalmente consigo mesmo.

A INCONSCIÊNCIA COLETIVA **55**

Aliás, reinterpretando a Psicanálise, que é uma forma de diálogo, podemos dizer que ela não faz outra coisa senão reensinar a pessoa a falar. Partindo do papo-furado (que é o relato do paciente), ela vai revelando tudo que está *sob* a conversa. Ela mostra que a forma usual de falar não diz nada – e esconde quase tudo (pretende esconder).

A conversa fiada existe para
> *imperdir*
>> a veracidade, a intimidade, a emoção,
>> o individual, o sentir.

Tudo que é meu e tudo que sou eu
> *só pode*
>> aparecer em *fórmulas feitas*;
> *com o que*
>> o meu deixa de ser meu....

Despersonalizo-me ao falar de minha pessoa.

Por isso digo que o verbal é precário.

Não é a palavra que está em causa, mas o uso que se faz dela. Sinto desprezo pelo fanatismo verbal das pessoas (*Quem tem razão? Quem está certo?*) e não acho a conversa usual nem séria nem importante – muito pelo contrário.

Coloquemos mais um exemplo – bem central.

Em nosso mundo,
> *não aceitar conversa*
>> de alguém é considerado ofensivo.

Está implícito: todos têm
> *a obrigação*
>> de ouvir a todos

(em qualquer lugar, a qualquer momento, sobre qualquer assunto). Interromper uma conversa, dizendo simples e tranquilamente *Veja,*

56 J. A. GAIARSA

isso que você está falando não tem interesse para mim, é facilmente considerado o limite da falta de educação e da grosseria.

Se o outro estiver falando de sofrimentos, desgraças e problemas, *muito pior.* Aí não é mais falta de educação, é franca desumanidade.

No entanto, é claro que nem todos me tocam e/ou me importam – nem todas as pessoas, nem todos os problemas, nem todos os sofrimentos –, não a qualquer hora...

A conversa usual

supõe,

nas pessoas, um interesse pelos outros que em regra elas não têm – ou no momento não está presente. O que se consegue, então, é uma *imitação automática* de *olhar para* ("prestar atenção a") quem fala, o que não satisfaz a quem fala nem a quem ouve.

Em grupos de Psicoterapia verbal (devo ter quatro a cinco mil horas de voo), a conversa por vezes se fazia insuportável pela repetição de chavões e situações, tanto dos pacientes *quanto do terapeuta!*

De outra parte, tenho para mim que o único interesse que faz bem é o interesse verdadeiro, o interesse que *se sente.* Sem ele, tudo mais é encenação e manutenção do *status quo.* Logo, para todo terapeuta *bem educado* que se sente obrigado a ouvir,

ouvir,

ouvir,

melhor seria se começasse a ouvir menos.

Para piorar as coisas, surgiu também um preconceito relativo ao terapeuta: ele deve favorecer (permitir) a *espontaneidade* do paciente. *deve* segui-lo sempre. Caso contrário, pode *envolver-se.* E, quando se leem com atenção os textos sagrados, percebe-se logo – e com força – que esse é o maior dos pecados que um terapeuta pode cometer, porque desse modo ele está projetando-se no paciente (HORROR!). E o principiante se apavora, sem saber com o que, nem por quê. As projeções não têm fim, e o problema não é evitá-las.

Aliás, ninguém sabe como se faz para evitar projetar-se; o problema é envolver-se até se complicar e aí começar a perceber o que vinha fazendo... Não há projeção singular, de um em relação ao outro (como veremos). Toda projeção é recíproca e simultânea. Além disso, a espontaneidade do paciente quase nunca é espontânea. Sua *espontaneidade* logo se mostra repetitiva e compulsiva.

É espontânea porque *sai sozinha,* fácil e rapidamente. *Mas nada se parece mais com o espontâneo do que o automático, que também vem* fácil e rápido sempre que surge a oportunidade. Ora, a espontaneidade verdadeira é a saúde, a falsa é a doença.

Mas a prática (que gerou a *obrigação* do terapeuta) é esta: se *deixo* falar, em regra, *pouco se cobra* de mim, e aí eu também posso ficar meio modorrento, fingindo que ouço e, de vez em vez, dando um parecer qualquer. O parecer tem certo valor, qualquer que ele seja; na situação que estou descrevendo, ele apenas significa *Estou ouvindo, tanto que comentei. Prossiga.*

Preciso agredir mais e defender-me melhor.

A única coisa verdadeiramente minha é meu

aqui-agora.

Só nele posso atuar, seja lá sobre o que for. Logo, se de algum modo alguém me aluga os ouvidos, ele está *sendo* meu aqui-agora.

Está sendo algo absolutamente
fundamental para mim.

Donde concluo que me cabe – esse é o limite da agressão bem cultivada – escolher com muito cuidado a quem ouvir, quando e sobre o que ouvir.

É preciso, no mesmo ato, ser capaz de dizer *não* – e, como quase sempre esse *não* provoca oposição na opinião pública, é difícil de dizer. Ser tomado, invadido, pelo outro, que ao me chamar me ignora, é mais um dos crimes do cotidiano, bem merecendo, *muitas vezes,* um

Não estou interessado.

58   J. A. GAIARSA

Quem faz assim?

Amarrados por essas *obrigações sociais* (de ouvir, de condoer-se, de dar atenção), entramos, por cumplicidade tácita, no Sistema da Repressão Coletiva.

Quero sublinhar com força que a
    conversa de dentro
      é *muito*
        semelhante à de fora e funciona do
          mesmo modo[12].
Enquanto fico na conversa fiada *íntima*, não dou
    consciência a mais nada.
É velho, como a primeira reflexão que o homem fez, que a consciência (como o olhar) não pode estar presente a duas questões ou fatos ao mesmo tempo – não podemos olhar simultaneamente para duas direções.

Tenho para mim, até, que o famosíssimo princípio básico de toda a lógica é a descrição/declaração desse fato.

Refiro-me ao Princípio de Não Contradição, segundo o qual
    "A" não é "não A"
    (Leibnitz).
Ou, mais popularmente: uma coisa não pode ser e não ser ao mesmo tempo (sob o mesmo aspecto).

Traduzo assim:

não é possível
    – olhar para dois objetos ao mesmo tempo;
    – entender duas frases ditas simultaneamente;
    – *ver* um objeto e *ouvir* uma frase.

Trata-se, é claro, de percepção *nítida*.

---

[12] *Tratado geral sobre a fofoca*, do autor, cap. 6, "A multidão interior".

A INCONSCIÊNCIA COLETIVA 59

O problema da atenção mal foi tocado pela Psicologia e só agora começa a interessar aos neurofisiologistas. *Prestar atenção é um ato fundamental.* Na verdade, o que se paga ao terapeuta é sua atenção.

O que o iogue pretende, com seu trabalho de uma vida toda, é ser capaz de

concentrar-se

(prestar *muita* atenção)

e de *dirigir*

sua atenção voluntariamente.

Quando o psicanalista diz que *apontou, marcou* ou interpretou, ele está

dirigindo a atenção

do paciente para lados ou pontos *presentes* que ele *não está percebendo* (aos quais não está *prestando atenção*).

Bem se pode dizer que *toda* a Psicoterapia consiste em fazer a pessoa prestar atenção a coisas que *estão aí* mas ela não percebe, *diz* não perceber (ou não fala a esse respeito) ou se comporta como se não estivessem aí.

Toda defesa neurótica consiste

em não ver (*não olhar para*) o que importa

e, depois, em não ouvir o que é dito, em *não* perceber

a própria intenção e em *negar* o próprio sentir.

O aqui-agora é, pois, minha única riqueza, e usar responsável e decididamente esse momento que passa

é tudo que importa.

Sob essa luz, o papo vazio (o de dentro e o de fora) é a mais frequente

– defesa psicológica;

– negação de quase tudo que importa;

– modo universal de não realização;

60 J. A. GAIARSA

– o principal *mecanismo* de manutenção das Repressões Coletivas – por reforço recíproco interminável e *obrigatório*.

P.S.

Ao longo da produção deste livro, vieram às minhas mãos três textos sobre expressão não verbal[13]. Em função deles – os três com abundante evidência direta –, posso declarar que minha hipótese clínica sobre o valor das microdicas (pequenos e rápidos movimentos das pessoas quando em interação) não pode mais ser considerada hipótese, mas simples *descrição de fato*. Comentamos extensamente esses achados no livro *O olhar*[14]. Aqui, registramos o que segue.

Birdwhistell, com milhares de horas de observação, declara: o diálogo usual entre duas ou mais pessoas compõe-se de uma verdadeira dança de gestos mínimos, de sentido bastante claro, que se repetem numerosas vezes em um período de interação. Em regra, não são claramente percebidos pelas pessoas; parece até que elas os ignoram – e talvez por isso eles se repitam. São bastante claros no contexto, mostrando bem o que a pessoa está sentindo. *A conexão entre essa dança gestual e a verbalização é das mais precárias*, como se as pessoas alimentassem sempre *dois* diálogos assaz discrepantes. Essas conclusões se baseiam na *observação direta* de milhares de metros de filmes cinematográficos que registraram interações sociais comuns *em câmera lenta*, filmes que são depois observados muitas vezes por uma equipe de cientistas.

---

[13] R. L. Birdwhistell, *Kinesics and context*, Filadélfia, University of Pennsylvania Press, 1970. F. Davis, *La comunicación no verbal*, Madri, Alianza, 1936. D. Morris, *Manwatching*, Nova York, H. N. Abrams, 1977.

[14] São Paulo, Ágora, 2009.

A INCONSCIÊNCIA COLETIVA   61

Citando: "Toda a pesquisa cinésica baseia-se no pressuposto de que, mesmo quando os participantes não se dão conta disso, as pessoas estão constantemente empenhadas em ajustar-se à presença e às atividades dos outros seres humanos" (Birdwhistell, 1970, p. 48). Detalharemos agora uma citação de Morris, a fim de concretizar a declaração. Colhemos trechos do livro, descontinuamente, das páginas 108, 109 e 110.

Um grupo de estudantes de Enfermagem foi convidado a assistir a alguns filmes e depois comentá-los com os experimentadores, dizendo coisas verdadeiras e falsas sobre o que haviam visto (cada qual inventava suas "mentiras").

Ao longo do experimento, que durou vários dias, as moças eram doutrinadas no sentido de que saber mentir com perfeição era uma alta virtude da profissão: postas muitas vezes em situação de doença, angústia e morte, interrogadas por parentes ou pacientes envolvidos em circunstâncias trágicas, agudamente observadas quando interrogadas, seria vital para uma enfermeira saber mentir com perfeição. Dos vários sinais de "mentira", o mais seguro era a observação das expressões faciais.

Quando mentindo, as enfermeiras mostravam expressões faciais quase indistinguíveis das que apareciam quando diziam a verdade. Quase, mas não de todo; mesmo as mais bem controladas não conseguiam impedir o aparecimento de pequenas microexpressões (*tiny microexpressions*) reveladoras. Essas microexpressões são tão pequenas e rápidas – mera fração de segundo – que observadores não treinados não conseguem percebê-las. Contudo, usando câmera lenta a título de treinamento, eles se mostravam *depois* capazes de perceber as microexpressões mesmo em filmes que reproduziam a cena em velocidade normal. Essas microexpressões se devem ao fato de que a face é eficiente demais ao registrar sensações e sentimentos interiores. Quando ocorre uma mudança interior, ela será denunciada pelos músculos da face em muito menos de um segundo. A contramensagem do cérebro, "dizendo" para a expressão "calar-se", de regra não consegue alcançar o primeiro movimento dos músculos. Em consequência, uma expressão facial se esboça e no instante seguinte é cancelada pela contraordem cerebral. O que acontece na face durante essa fração de segundo é o aparecimento de uma minúscula e rápida dica de expressão. Ela é suprimida tão depressa que muitas pessoas jamais a percebem; mas, se a face for atentamente observada durante a mentira, ela *pode* ser vista, e então se mostra um dos melhores indícios de que a pessoa está mentindo.

ENSAIO DE ANÁLISE PSICOLÓGICA DO PAPO VAZIO

Há muito eu concluí, dos muitos milhares de horas de conversa atenta e crítica, que

o diálogo (verbal) *é interminável.*

Freud desenvolveu algo paralelo no seu ensaio "Análise: terminável ou interminável". Depois, li em Chomsky (que frequentei e entendi pouco): embora sejam limitados os termos de uma linguagem, e mesmo quando as regras da inteligibilidade da frase (gramática) são, elas também, limitadas e limitantes, a verdade é que em qualquer língua o número de frases que pode ser dito/pensado é ilimitado.

Sempre será possível inventar uma frase inteligível que jamais foi dita antes.

Paralelo: são ilimitados o número e/ou as formas dos movimentos que podemos inventar — nós, todos os homens, e nós, cada homem.

Mas, além da língua como entidade à parte — língua que goza das propriedades assinaladas e é mais um termo para referência e discussão entre os estudiosos do assunto —, existe *aquilo que leva* as pessoas a falar/escrever, a usar a língua, ou existem os processos não verbais que subjazem e "dão sentido", aqui-agora, ao que está sendo dito: os significantes. É destes que quero ocupar-me um pouco.

Há muitos modos de as pessoas se desentenderem quando falam, isto é, de continuarem falando uma *contra* a outra, de continuarem uma puxando a outra em certa direção, e vice-versa. Por vezes, um está apenas parado, e o outro faz (fala) para movê-lo; vezes outras, um está andando na sua direção e vem o outro e tenta desviá-lo de sua trajetória prévia. Enfim, há o caso de dois que se opõem – e aí a figura concreta é a de dois indivíduos que se encontram no meio de uma ponte que só dá passagem a um – e o de dois que, um em cada extremidade de uma corda, puxam-na em sentidos contrários.

Note-se: estou falando com alto nível de ambiguidade. A frase descreve tanto o *curso do pensamento* quanto os movimentos corporais subliminares – ou implícitos – presentes ao longo e *por causa* das palavras.

As palavras fazem o *curso* do diálogo tanto quanto o curso dos movimentos expressivos faz (retroage sobre) o diálogo. Ao longo do diálogo, é dialética a relação entre palavra (articulada) e dança (gestual). Lembrar – "discurso" (tão na moda hoje!) – quer dizer: *correr* de um lado para o outro.

Estou reformulando, em termos que me importam, esta declaração básica e evidente que permaneceu oculta durante tanto tempo: qualquer comunicação – qualquer informação – pretende/ produz uma *modificação*. Toda fala é político-partidária, é a favor ou contra, isto é, *não há* fala sem atitude e sem tom de voz, sem *posição*. Logo, o outro *tem de* se colocar *também*.

Meu problema é: o que faz que as pessoas encontrem *sempre* o que discutir?

(É o paralelo real da fórmula ideal de que há um número interminável de frases.)

Aí, vejo três esquemas comuns: um é mais quantitativo, definidamente estatístico, *a quantificação do predicado*; o outro é um problema de ponto de vista, *de ótica* ou geometria; o terceiro e último é de *cronologia*, refere-se à *duração* do predicado.

Exemplos muito claros dos primeiros (quantificação do predicado): "os franceses têm verdadeira mania de inteligência"; "os ingleses são fleumáticos"; "a Psicanálise é falsa", "Freud estava errado". De grandes conjuntos de coisas ou ideias, cada um abstrai, em função do que experimentou, *regras gerais* que são sempre particulares, relatos da experiência experimentada no contato com aquilo. *Quantos* e *quais* franceses eu conheci ou contatei? *Quanto* de francês eu li, ouvi falar, vi no cinema ou na TV? Será *igual* à experiência do outro?

Sabidamente, experiências desse tipo, vividas por duas pessoas diferentes,

jamais serão *idênticas*.

Logo, ao falar dos franceses, estão os dois falando de duas coisas que não se sobrepõem, que *não* são a mesma coisa. Das *diferenças* entre as coisas que recebem *o mesmo nome – os franceses –* alimenta-se por toda a eternidade a discussão entre os dois, discussão que, além do mais, e em regra, não tem deveras quase nada que ver com os franceses.

Mas isso fica para o psicanalista...

Esse erro há muito é comentado pelos lógicos como diferença subjetiva (semântica) da "extensão" do predicado.

A quantos objetos se aplica essa palavra? (na minha experiência);

a que *aspecto* de quantos objetos se aplica o termo?

(na minha experiência).

Fácil ver que ninguém se preocupa com essas questões.

Está

subentendido

que, se falo palavras/frases que

66 J. A. GAIARSA

têm algum sentido, o outro entenderá, pelas minhas palavras, *exatamente o que eu quis dizer!* Isto é, no papo furado, um dos "princípios" básicos é essa calamidade.

Sempre que se tenta fazer o outro qualificar suas afirmações, o ato tem algo de cobrança e de antipatia e *já indica*, no entender usual, uma briga entre os dois! O pressuposto dessa briga – em certa medida sempre verdadeiro – é que o falante não sabe do que está falando! (Fala *muito além* do que sabe.)

Mas os lógicos pouco ou nada cuidaram das duas outras razões de desentendimento, que são, ao mesmo tempo, razões para a eternização do papo. Os lógicos *não* consideram a dialética visoverbal. Para eles, o viés ou ponto de vista é *uma analogia* (visual) para compreender as diferenças entre os "conceitos" (as diferenças de opinião). Na verdade, não se trata de analogia, mas de um dos principais modos de demonstrar as diferenças irredutíveis entre as pessoas.

Consideremos dois casos extremos: eu, sobre uma montanha, acompanhando os movimentos de um barco no mar; e outra pessoa, sobre outra montanha, fazendo o mesmo. Nós dois descrevemos algo real, fácil de verificar, simples – a *mesma* coisa! –, mas nossas descrições são diferentes. Se eu nada sei das posições dos observadores, não posso ter certeza sobre a posição e o rumo do barco sobre qual é o relato fidedigno. O exemplo parece simplório, mas seu equivalente na conversa-de-todo-dia é muito frequente. São as pessoas discutindo o sentido para onde vão as coisas (a história, o futuro, o amanhã) ou o significado de qualquer notícia – pessoal, de fofoca ou jornalística.

A Couraça Muscular do Caráter é a *posição* da qual tendemos a ver *tudo* que nos acontece, a unificar a fluência do acontecer na... perspectiva própria da... posição. Ponto de vista!

Outro exemplo: eu e outra pessoa a meu lado, em lugar alto, aberto, com amplo horizonte e muitas coisas no campo visual. Se eu falar *do que estou vendo*:

1º – estou falando, nove em dez vezes, de uma coisa determinada *para mim*, para a qual olhei ou estou olhando (o porto, o navio, o guindaste);

2º – o outro, que olha mais para um lado, mais para cima ou mais para longe, pode nem sequer perceber *do que* eu estou falando ou a qual objeto estou me referindo.

Raramente falamos com alguém que esteja ao nosso lado numa janela com horizonte amplo. Mas quase sempre que falamos *é como se* estivéssemos em tal situação, quando ambos *nos colocamos diante do assunto*. Quando lembro um ponto, uma pessoa, uma situação, o outro, em regra, lembra outro – de algum modo semelhante ou próximo (associação clássica: por semelhança, contiguidade espacial ou continuidade temporal).

O olho é muito veloz e em poucos instantes *vê* muita coisa – tanto objetiva quanto subjetivamente. Quase sempre que dizemos *Falei o que eu pensava*, seria melhor dizer *Falei o que eu vi...*

Mas a opinião geral é de que todos veem as mesmas coisas do mesmo ângulo – nova falácia, gigantesca, a separar aqueles que, dizendo as mesmas palavras, *parecem* estar falando sobre o mesmo objeto, visto do mesmo ângulo!

Pior: na conversa usual, enquanto um fala três ou quatro frases, passam-nos pela cabeça, possivelmente, *muitas* imagens ou outras frases – nossos ensaios de dançar/cantar juntos, isto é, enquanto ele, que está falando, aponta para *um* objeto, visto *de certo* ângulo (mostrando certo aspecto), eu estou vendo *vários* objetos *próximos* ou semelhantes, mas distintos. Diálogo de surdos – clássico.

Enfim, o tempo – a *duração* do predicado:

– Mãe *não é* mãe o tempo todo, em qualquer circunstância.

– Ninguém é feliz sempre, nunca, de uma vez por todas.

– Ninguém ama, odeia, teme sempre, nunca, de uma vez por todas.

68 J. A. Gaiarsa

– Ninguém deseja ser rico, só rico, sempre rico e nada além de rico, nem isso é possível, nem desejável, nem benéfico.

– Ninguém é ruim (e o outro, os outros, "bons").

(Não raro, essas tolices estão ligadas a crimes hediondos. Todo preconceito é imbecil precisamente por isso, porque negro não presta *nunca* para *nada* e branco é *sempre bom* para *tudo.*)

Um dos pontos mais altos da maturidade intelectual – da sabedoria – é a relativização de todas as coisas, humanas ou não, *sem* desvalorização. Não é pelo fato de serem relativas e transitórias que as coisas são falsas ou sem importância. Nossa *realidade* é um fluxo que nunca se repete – *sempre* transitório e relativo: o aqui-agora. Tudo que somos e tudo que acontece é no aqui-agora. Ser sábio é ver as coisas como elas se propõem agora, mas é ter a convicção, ao mesmo tempo, de que daqui a pouco elas serão ou se farão diferentes.

PANTA REI   TUDO PASSA   TUDO FLUI.

A Realidade é um acontecer global e contínuo – sem começo nem fim (McLuhan e eu).

Para mim é mais do que óbvio: nossos sentimentos, ao contrário do que as instituições, os contratos e os costumes *exigem*, variam consideravelmente, mesmo dentro de intervalos "curtos" (minutos ou horas). Nossos sentimentos dependem de muitos fatores e são por isso

muito *instáveis*

(ou muito *variáveis*).

Nossos sentimentos variam tanto quanto nossa imaginação e nossos sonhos – tão exóticos e heterogêneos!

Nosso estado emocional (de humor) liga-se, na certa, a todos os processos vivos que somos nós.

O protoplasma é uma renda finíssima desenvolvida no espaço e em contínua destruição/reconstrução.

Contínua quer dizer que seu tempo primário é o das reações bioquímicas (fração de segundo, geralmente).
Quero dizer que nós somos
demonstravelmente diferentes
a cada segundo que passa.
O *rosto* das pessoas, quando se olha longa e atentamente para ele, pode mostrar essa mesma variação contínua e interminável de expressões.

No entanto, a Audiência Social espera/exige que eu ame ou odeie as mesmas pessoas a vida toda, que eu "queira" sempre os mesmos objetos e situações, que eu escolha "definitivamente" isto ou aquilo. *Você não sabe o que quer* – estado universal da humanidade – é dito a toda hora como xingamento ou razão para desprezo.

Não sei de quem se tenha preocupado com esta relação: a ampla *constância* (invariância) dos costumes sociais e a ampla variação de nossas disposições afetivas, de nossos desejos e intenções. O que *é* *constante*, nesse contexto, é a *fala coletiva (todos* dizem *sempre a mesma* coisa) – e a Couraça Muscular do Caráter. E essa aproximação não pode ser simples coincidência. Se tantos desejos de tantas pessoas, conforme elas dizem, são sempre tão iguais, é porque suas circunstâncias de vida e de caráter não mudam. Se *mantenho* um rato faminto, ele estará... sempre com fome! Parece ridícula a afirmação, mas é exatamente isso que *se* faz (*se*: impessoal, todos, qualquer um, cada um) com tantas coisas em nosso mundo.

Parece, pois, que o erro dito lógico (erro *na duração* do predicado) é profundamente social – ligado, determinado e determinando a pseudoeternidade das coisas e dos afetos (!), que assim se fazem *lógicos* (integram uma ideologia) ou *necessários!*

Idealismo (melhor seria Ideologismo) como tipo de funcionamento psicológico é isto: o predomínio do dever ser sobre o que é. Esse predomínio, logicamente fácil de apontar/perceber, é praticamente indestrutível nas pessoas, porque quase toda a organização

70 J. A. Gaiarsa

social conta com ele, o exige e cobra com admoestações, sermões, repetições, privações e polícia (e tortura).

Cada qual

> *tem de*
> ficar,
> *e para sempre,*

no mesmo lugar, na mesma posição, do mesmo jeito, senão a "organização social" fica comprometida – subversão!

O famoso split descrito por Melanie Klein, que ganhou pé na Psicologia Dinâmica, é isto que estamos dizendo:

> a realidade *da variação* afetiva
> *contra*
> a constância *conceitual* (verbal, falada) dos sentimentos chamados *certos* – e *contra* a pressão social das "obrigações" (de sentir/comportar-se).

Mesmo quando amamos muito, há momentos em que não sentimos amor. Mesmo em um campo de concentração, havia momentos de paz e de elevação espiritual. Na certa, mesmo o pior mafioso alguma vez se enterneceu.

E quanto mais.

É tão óbvio tudo isso!

Só que

> *nunca é usado* na hora certa.

A hora certa é a da variação, do fazer diferente, da transgressão. Aí dizem todos

> *que não se deve – nunca! –*

e tudo continua como *sempre foi.* Na verdade, como *nunca foi.* Foi só sempre falado, nunca existiu de fato.

Exemplos: a mãe, o pai, o professor ou a amada "como eles deveriam ser".

O exemplo mais estrondoso é o da Família – idealmente sempre perfeita, eterna e sagrada, mas na realidade difícil, complicada, insatisfatória, frustrante.

Creio estar realizando um velho sonho.

Há muito vem se adensando em mim a noção de que Freud deu um empurrão excessivo em certa direção e de que é hora de retornar – como ele retornou, ao começar a pensar, no fim da vida, nos mecanismos do eu, no protoego. Freud falou muito, e foi muitíssimo aceito, ao declarar/denunciar que as pessoas fazem ou sofrem de repressões

– instintivas;

– impulsivas;

– emocionais.

O predomínio da consciência começou a ser contestado e acabou sendo considerado quase nada – e os impulsos, quase tudo. A volta é para a consciência e para os mecanismos *coletivos* que negam ou confundem

a inteligência

(no limite, negam a *percepção*).

Essa negação coletiva (psicótica) é o maior problema de todos nós e de cada um de nós.

O Homem normal é deveras um monstrengo paupérrimo e lamentável se confrontado com essa esplendorosa criação natural que é o

ser humano.

Podemos vê-lo na história, ao microscópio, em sua anatomia e sua fisiologia incríveis, na espantosa história de sua formação.

Ao lado de nossa história, cada um de nós parece um rato assustado que só quer, só deseja e só espera que lhe permitam voltar para sua toca, desde que lhe seja permitido comer uma barata por dia.

Depois dessa degradação coletiva (coercitiva, obrigatória), como podem ser levadas a sério as teses psicanalíticas que falam de

alguns indivíduos

em *algumas* famílias?

Salve o bode expiatório da Humanidade

– o *neurótico!*

72 J. A. GAIARSA

A culpa é dele.

Ele é quem deve (fazer Psicanálise).

Amém.

Quando falo da degradação coletiva do homem, refiro-me à relação:

aptidões humanas – potenciais,

realização humana – real.

Meio de brincadeira e sem clareza, ouve-se frequentemente que "o cérebro" do homem só rende 5% ou 10% do que poderia render. É isso. Acho que é certo (mesmo quando obscuro). Fico nos 5% – para menos.

Falta indicar mais um erro padrão no papo vazio: o *estar lá* – no meio, dentro – e *o ver* (e julgar!) *de longe* – de fora. É um erro tão ridículo, tão fácil de ver, quanto os outros que apontamos. É fácil ver quando se discute lógica porque, *na hora* em que o erro é cometido, se for comentado gerará mais duas horas de papo vazio com "explicações" do tipo *Não é bem assim, Não é sempre assim, Não fui bem compreendido, Não foi isso que eu quis dizer...* Esse erro (note-se a declaração) é a

pedra fundamental

de toda a nossa

educação

(daquilo que nós chamamos nossa educação, seja ela familiar, escolar ou profissional). Toda ela *diz* como são as coisas – fala *acerca* –, *põe em palavras* tudo que seria fundamental *experimentar.*

No ginásio, cheguei a resolver problemas de Química mais ou menos complexos que se referiam ao Ácido Sulfúrico, H_2SO_4, que para mim sempre foi e continua sendo

$$H_2SO_4$$

(três letras e dois índices),

porque

ver, cheirar, mexer com o ácido jamais aconteceu, dentro ou fora da escola.

Tudo que eu aprendi foi

> *dito*

> e jamais, nem sequer,

> *mostrado.*

Aulas práticas, desde Educação Física até Física ou História Natural, foram sempre

> *falar sobre*

> alguma experiência que nunca foi feita, nem vista, nem nada.

Com exceção da habilitação profissional – que cada um aprende *durante* a profissão e não na escola –, tudo que nós sabemos foi *dito* ou *lido*, jamais manipulado ou sequer visto.

Hoje, as TVs Educativas, que são *Tele-VISÃO*, continuam a fazer/propor cursos secundários, ou outros, quase sem *mostrar* coisas. Também aí – no reino das *imagens*! –, o que se faz é *falar sobre* quase o tempo todo.

Exemplifiquemos. *Toda* nossa "formação" e educação formal nos garante – ou funciona no pressuposto de – que:

> estar sobre um farol *vendo* um
> barco no meio de uma tempestade
> *é o mesmo* que
> estar *no* barco!

Na verdade, é total e radicalmente diferente. É diferente para um e para o outro (o do farol e o do barco) a cena que têm diante dos olhos. Jamais poderão ver a mesma coisa

– do mesmo ângulo;

– da mesma distância (que é tudo – para o *agir*).

É diferente o que sentem – se é!

É diferente, enfim, o que podem, o que pretendem ou o que precisam fazer. Esse imenso sofisma é palpavelmente claro quando se consideram situações naturais, sobretudo as ameaçadoras ou perigosas.

Mas ele não parece mais sofisma quando acontece na rede das convenções sociais, econômicas e jurídicas (costumes, contratos, Leis), porque elas *foram feitas* para garantir a *mesmidade*, para forçar as coisas! Dito de outro modo: para assumir e conservar a forma determinada pela lei – justamente para que eu *sempre* possa fazer o... *certo* (agir com certeza, mantendo a tranquilidade contra toda a incerteza do acontecer).

Toda a nossa educação formal se baseia no pressuposto
de que o falar substitui
total e adequadamente
toda a realidade!
(Na Escola e na Família – e na Psicanálise – quase que só se fala, mais nada.)
Mais familiar é a fórmula seguinte:
acreditamos (sobretudo os pais e os professores) que *dizer* para o aluno como são as coisas permitirá a ele evitar todos os erros e todos os males
mesmo que o cotidiano nos mostre,
a cada instante, que essa convicção
não funciona.
Eu me nego categoricamente a crer que o homem seja – como espécie e mesmo como *cada* indivíduo – tão imbecil como isso. É preciso assinalar que o termo
"imbecil",
no caso, é perfeito, adequado.
Imbecil é aquele que não consegue aprender nada – o que não percebe o desacerto de suas ações, que não se dá conta de que seu comportamento *jamais* o levará para... onde ele pretende!

Nego-me a crer nessa imbecilidade inata – e coletiva – do homem. Não teria feito o que fez, nem chegado aonde chegou, se fosse tão obtuso assim.

Logo – paradoxo dos paradoxos:
É a "cultura" – a que pretende "ensinar a viver" –
que estupidifica o homem.
(A cultura e a pressão social do
Ou você faz como todos ou senão...)
Vamos aterrissar meio bruscamente: estou dizendo que quantidades enormes de conversa do mundo são sem sentido porque as pessoas estão falando do que acham que "deveria ser" e não do que experimentaram. O mesmo se aplica à mulher direita, ao homem honesto e a todas as "boas" atitudes de nosso mundo – as que são "certas". Melhor fazem os hindus (alguns hindus) quando acreditam que, se eu *não* faço algo porque me assusta, então minha tarefa é aprender a sentir/controlar o medo de fazer
fazendo o que me assusta.
Caso contrário, não sou nem virtuoso,
nem honesto,
nem direito.
Sou
medroso
(tenho medo – o medo me tem).

A Educação familiar – como sempre – alcança as nuvens. Até os 18 anos o filho deve ser *obediente*. Aos 19 ele precisa ter *iniciativa* e *responsabilidade*... Porém, não se dá à criança nem ao jovem a menor oportunidade de experimentar (de errar, de se machucar), de aprender a ter iniciativa e liberdade de ação. Acabam todos papagaios paralíticos que se distraem de sua paralisia falando, falando, falando... sobre
como as coisas deveriam ser!
À luz desses reparos sobre os erros lógicos mais frequentes no papo vazio, este volta a nos aparecer como o maior sistema coletivo de defesa contra tudo que é real, íntimo, profundo, grande – e ver-

76   J. A. GAIARSA

dadeiro. Ao mesmo tempo, pode-se concluir pela sinonímia prática (operativa) entre

educação (da falação)

e

neurose.

Logo, *deixar de ser neurótico* é, em grande parte, negar tudo que nos foi... ensinado.

O problema é pouco intelectual.

O problema é, acima de tudo, de coragem.

(A neurose *é medo.*)

É desse modo que, pelos séculos e séculos, desenrola-se (mas não se desenvolve) o eterno diálogo (que é solilóquio coletivo) entre o tédio e a banalidade.

IMPORTANTE É CALAR TUDO QUE É IMPORTANTE.

Não é o neurótico. São as sagradas tradições do passado (é o costume aceito).

Há um exemplo que esclarece tudo que queremos dizer: é a educação sexual da criança e do adolescente. Nem um nem outro querem ou precisam de "explicações". Ambos querem, desejam e *precisam* de *aprovação* – autorização para experimentar –, de alguém que "diga" *Pode, experimente, veja e sinta como é e aprenda a se pôr diante do caso.*

Outro erro dos mais frequentes nas discussões e brigas é aquilo que o advogado chamaria imputação imprópria de responsabilidade. É o caso, falado em palavras ou mostrado na cara, do *Você deveria* e *A culpa é sua.* Nesses casos está sempre implícito, mas é sempre muito claro, que o outro

pode fazer diferente – se ele quiser.

Acontece que a imensa maioria das pessoas consegue pouquíssimo em matéria de mudança de comportamento, mesmo quando quer e se esforça. Nossa vontade – o que fazemos verdadeiramente *por querer* – consiste em muito pouco. Em regra, fazemos apenas o que conseguimos. Logo, essas brigas e acusações são inerentemente sem sentido. O pior acontece na frase seguinte (da vítima): ela *também* acha que a culpa é do... acusador – e ele é quem deve! E fecham-se os dois num impasse doído (e doido) e inabalável. Tampouco preciso acrescentar que quase todo o Sagrado Direito da Gente se apoia sobre essa base – que obviamente não é base nenhuma. Então entram a força, a intimidação, a censura e a tortura, para *obrigar* um a fazer a vontade do outro – que ele diz ser *a lei*.

Um dado final – de constraste:

Quando *se cuida* atenta e criticamente da linguagem, chega-se – à Matemática. Sob certo aspecto, ela é apenas uma linguagem tão absolutamente clara e precisa quanto é possível aos homens (*consenso* preciso): os matemáticos sabem, entre si, o que cada um deles diz.

– próximo da Matemática, a descrição científica da realidade, cujo maior valor é exatamente este: descrição tão sóbria, completa e precisa quanto possível.

Os cientistas e os tecnólogos, cada um em sua especialidade, entendem-se (usam a *mesma* linguagem). O produto dessa linguagem precisa é a realização técnica em qualquer campo; isto é, a linguagem precisa é condição e, a seu modo, causa da realização efetiva. A linguagem não é, pois, um instrumento inerentemente enganoso ou inútil. A falsidade é inerente *ao modo* como se usa habitualmente a linguagem, aos *costumes sociais* ligados à fala.

PSICANÁLISE

Falo bastante em Freud, Psicanálise, psicanalistas. O tom frequentemente é crítico – por vezes incisivo e cáustico. Queremos assinalar que "Psicanálise" quer dizer várias coisas para nós.

78 J. A. Gaiarsa

De início, façamos a separação clássica entre a ideologia e os profissionais. Os profissionais da Psicanálise se dividem, como quaisquer outros profissionais, em 20% de gente empenhada e capaz, 60% de medíocres e 20% de deficientes – de um modo ou de outro. Os 20% *bons* são isto: bons. Fariam bem tudo que fizessem e, na certa, são terapeutas humanos e eficientes.

Nossa crítica aos psicanalistas se volta para os 80% restantes, na certa rotineiros, pouco atentos, pouco evolutivos, e a seus trabalhos, pouco expressivos, igualmente repetitivos, banais, precários. Psicanálise quer dizer Freud – que, de tanto criticar, acabei amando. Claro que tenho a enorme vantagem de ter vindo *depois*, ao lado de muitos outros crentes e críticos. Por isso sei bem mais Psicanálise que Freud, e torna-se fácil para mim – quase um século depois – fazer certas críticas.

Psicanálise quer dizer, depois, corpo de doutrina – e aí a referência principal são os textos, os trabalhos publicados. Desses textos tenho leitura limitada, porém bem diversificada quanto a autores, países, épocas.

Minhas apreciações sobre psicanalistas concretos, de carne e osso, só podem se referir aos que conheço pessoalmente e mal – uma centena – e aos poucos que conheço bem – uma dezena.

Psicanálise quer dizer também referência-padrão em Psicologia dinâmica. Dir-se-á que, sendo a mais velha, a mais estudada e a mais discutida, a Psicanálise tem um corpo de doutrina amplo, variado, bem coerente, profundo e satisfatório. Mas não é assim.

É nesse *pressuposto* que se baseiam quase todos que se referem à Psicanálise como se ela fosse a melhor – senão a perfeita. "Profunda!" Os próprios psicanalistas se referem, porém, e com desagrado, à grande diferença entre Teoria e Prática. Já não falam, mas é evidente para quase todos da área que a *nomenclatura* psicanalítica é uma calamidade estética e lógica. Ainda hoje, o que choca as pessoas, quando se fala da Psicanálise de Freud, não são as *ideias*, mas os *nomes*. O jargão psicanalítico é uma xingação (uma depreciação) de todos os sentimentos humanos.

O leitor verificará, porém, ao mesmo tempo, que aceito muitos achados da Psicanálise. Aceito, uso, aprecio, aproveito, construo sobre e agradeço a Freud e a seu legado.

Trago como testemunha da acusação um psicanalista de talento incomum, Luke Rhinehart[1].

O homem dos dados é dito livro de ficção, mas é claro que:
– foi escrito por um psicanalista excepcionalmente capaz;
– se refere o tempo todo a questões de psicologia e psicoterapia;
– é amplamente autobiográfico;
– descreve bem o clima geral tanto da Psicoterapia como da Psicanálise nos Estados Unidos.

Página 51 – *Fala do velho psicanalista*:
"Cada uma de nossas vidas é uma série finita de erros que tendem a se tornar rígidos, repetitivos e necessários... a tendência da personalidade humana é se transformar num cadáver. Não se modificam cadáveres, cadáveres não são cheios de entusiasmo. A gente os arruma um pouco para torná-los apresentáveis."

Página 79 – *Fala de uma cliente*:
"O seu código de Ética é hipócrita. Vocês se escondem atrás dele. Eu me sento aqui há quatro semanas contando sobre meu comportamento estúpido, promíscuo e sem sentido, e você fica sentado aí, balançando a cabeça como um boneco, concordando com tudo que eu digo. Eu já rebolei as cadeiras, mostrei as coxas e você finge que não sabe o que eu estou fazendo. Você *não vê* coisa alguma *que não esteja posta*

---

[1] Luke Rhinehart, *O homem dos dados*, Rio de Janeiro, Imago, 1974.

em palavras. 'Tá certo, eu gostaria de sentir seu pau' (pausa). E agora o bom doutor vai dizer com sua voz baixa e burra 'Você diz que gostaria de sentir meu pau?', e eu vou dizer 'Sim, vem do tempo em que eu tinha 3 anos e meu pai...', e você vai dizer 'Você acha que o desejo de sentir meu pau vem do...', e nós vamos continuar falando *como se as palavras não tivessem importância*."

Página 81 – *Fala do herói*:

"Linda colocou os pés no chão e olhou para mim com um sorriso vagaroso – destinado a sugerir *sex-appeal*? Ela era, na verdade, bastante *sexy*. Era esguia, clara de pele, de lábios carnudos. No entanto, enquanto havia sido minha cliente, eu não tinha reagido à sua sexualidade, ou a qualquer outra cliente em cinco anos, apesar dos rebolados, declarações, propostas, *stripteases* e tentativas de estupro, todas tendo ocorrido durante uma sessão ou outra. Mas o relacionamento médico-paciente *anulava a minha percepção* sexual tão completamente quanto fazer cinquenta flexões embaixo de um chuveiro frio. Ao ver Linda sorrir, arquear perceptivelmente as costas e projetar para a frente os seios, senti os meus órgãos sexuais reagirem pela *primeira vez em toda minha história analítica*."

Conclusão minha: *nada* é mais *repressor* que a Psicanálise...

Para vencer o tédio, o psicanalista do romance começou a tomar decisões baseadas no jogar de dados. Cada número do dado era uma alternativa previamente estabelecida. O que o dado dizia ele fazia.

Página 71 – *Fala do herói*:

"Nos primeiros dias, os dados ordenaram que expressasse livremente os meus sentimentos para com todos os pacientes – ordenaram quebrar, na verdade, a regra principal de *toda* a Psicoterapia: não julgar. Comecei a condenar francamente qualquer pequenina fraqueza que pudesse encontrar em meus chorosos e lamurientos pacientes. Meu Deus, como isso era divertido. Se você se lembra que há quatro anos eu vinha agindo como um santo, compreendendo, perdoando e aceitando toda espécie de loucura, crueldade e tolice humanas, que estivera assim reprimindo todos os impulsos normais de reação, pode imaginar a alegria com que acolhi o fato de o dado deixar-me chamar meus pacientes de sádicos, imbecis, idiotas, prostitutas, covardes e cretinos latentes. Alegria! Eu tinha encontrado outra ilha de alegria."

SKINNER

Quero dar meu parecer sobre o homem do comportamentalismo, porque uso, acho bom usar e encontrei confirmações intermináveis para seu princípio básico: o melhor ato terapêutico (a melhor técnica) é aquele que desperta, percebe e reforça comportamentos desejáveis do paciente.

Jung caminhava paralelo quando falava das forças inconscientes *positivas*, que é preciso perceber e aceitar e *com* as quais convém trabalhar – em vez de trabalhar contra.

Mas tão importante quanto o princípio positivo é o princípio do Reforço Irremediável.

Queira ou não, o terapeuta está sempre reforçando alguma coisa por ação (interpretação) ou omissão (silêncio). Em qualquer alternativa, a interpretação é um reforço do que o paciente diz, faz ou sente!

Se queixoso, *eu o ouço*, meu ouvir reforça seu ser queixoso.

Se prolixo, *eu o deixo* falar, ouço e reforço sua prolixidade.

Ainda não se fez claro para os estudiosos de Psicologia que a Personalidade é uma soma de comportamentos que gozam da propriedade singular de se autorreforçarem.

82   J. A. GAIARSA

A vítima, por exemplo (reação de vitimização):
se alguém a ouve e simpatiza, reforça;
se alguém a critica, reforça (a faz *mais* vítima);
se alguém a ignora, reforça (a faz mais vítima).

Por outro processo os comportamentos se autorreforçam: pela capacidade de *induzir* no outro um dos papéis complementares ao comportamento considerado.

O prepotente, por exemplo, induz (ou desperta) nos próximos
submissão – o que reforça a prepotência –

ou

oposição – o que reforça a prepotência.

A rede de relações interpessoais (sociais) tem força e meios para *se manter sozinha* – sempre a mesma e cada vez mais forte! Como se vê, a noção de reforço é muito útil *e descobrir como não reforçar é o começo da mudança.*

Skinner é muito malvisto por muita gente. Quais são as raízes desse mau conceito?

A primeira é o complexo de inferioridade de todos os cientistas das Ciências Humanas quando confrontados com os das Exatas. Skinner *mediu* comportamentos e tornou respeitável o estudo de certa Psicologia. Sobre muitos professores de Psicologia, agiram duas forças poderosas: a inferioridade da classe, enfim vencida, e o respeito humano entre profissionais, que vivem cobrando uns dos outros informações atualizadas em *termos exatos* (os que a família profissional considera exatos – presentemente) *e idôneos* (idem).

Tem mais e tem o pior: a ideia de Skinner é uma só, fácil de perceber, de aceitar e de fazer mil e uma variações em torno, sem adiantar nem atrasar muito as coisas. Daí a fertilidade de trabalhos científicos *exatos* e medíocres. Esses maus professores *obrigam todos* os alunos a estudar *muito* dessa ciência exata – e *impessoal.*

E os estudantes passam a odiar Skinner!

O mesmo aconteceu com as ideias sociopolítico-pedagógicas do mestre. A objeção dos irrefletidos é esta: como se pode *querer condicionar* gente?

O que Skinner propõe é
ótimo
em vista de
tudo que o precedeu.

Até agora
fomos/somos todos
condicionados por força de ameaças e castigos.

Educar é *modelar comportamentos* (é coagir), e até hoje coagiu-se sem saber como se coagia, sem saber em nome do que se coagia e a fim de que se coagia.

Até hoje fomos todos profundamente condicionados por pressões cegas, contraditórias, implacáveis, impassíveis e ameaçadoras. Mudar esse condicionamento
– que nos desfigura e degrada –
e tentar outros mais lúcidos, mais correntes e mais benevolentes, como propõe Skinner,
não pode!
É o grito de tantos *contra* Skinner: *É condicionamento!*
(Como se pudesse ser outra coisa! Como se alguma vez no passado tivesse sido outra coisa. Como se o próprio protesto não fosse condicionamento – ele também.) Seria bom que alguém desenvolvesse a análise das relações entre condicionamento e *reforço recíproco de papéis complementares*. Essa análise está contida, inteira, em famosa anedota: a do ratinho que chega precipitadamente à sua

84   J. A. GAIARSA

gaiola e diz para a companheira: *Consegui! Consegui, meu bem! Cada vez que eu piso naquela tabuinha o cientista me dá um pedaço de queijo! Condicionei o cientista direitinho!*

Assim também acontece com o terapeuta que percebe e aceita que condiciona, e com aquele outro que não aceita.
O recondicionamento terapêutico
não
ocorre pelas interpretações (pensamentos, palavras, explicações).
Ocorre
muito mais
por conta de olhar-ou-não, olhar-para-onde, sorrir, *prestar atenção*, falar *a favor* (pouco importa o argumento) — falo *do tom de voz*, da vivacidade, da face atenta, da expressão ocorrida *no momento*, da voz bem entoada — que simpatiza ou critica. *Isso* é que recondiciona o paciente. Por isso minha lembrança de limpar (!) a fama de Skinner.

A partir de Reich, passei a observar *muito atentamente* as pessoas e hoje concordo por inteiro com o postulado da Programação Neurolinguística: *a resposta a qualquer pergunta é dada no primeiro segundo!*

É quando a resposta *acontece*. Tudo mais, isto é, tudo que as pessoas dizem depois, quando se
põem a falar
sobre o que aconteceu
(insisto: a falar *sobre a resposta a uma pergunta que já foi respondida não verbalmente no primeiro instante*), é relatório, reportagem ou Processo (jurídico), com amplas possibilidades de desvios verbais consideráveis.

Quando se aprende a dialogar atento a *essas* dicas não verbais, o diálogo tem excelentes oportunidades de estar
acompanhando o acontecendo.
Caso contrário, lida-se com conservas verbais, dissecção de cadáveres da memória e fantasias cristalizadas.
Também nesse sentido lembrei Skinner.
Uma *boa* Psicoterapia pode *ser mostrada* no cinema ou na TV e *todo mundo* percebe como o diálogo *é levado* porque ele evolui *principalmente* por meio das dicas não verbais – que o cinema mostra (e um relato científico *não* mostra). Não falo de inteligibilidade *lógica*; falo de integração bipessoal, de sintonia emocional, de compreensão tácita, de fluir junto, de dançar a dois.
A Psicoterapia é muito mais
observação de comportamento
do que
escuta de relatos verbais.
Mesmo quando se escuta, o não verbal da voz é tão *comportamental* quanto o gesto ou a expressão da face. O não verbal da voz é o som da respiração – do comportamento respiratório –, que retrata a emoção *o tempo todo.*

Para ser bom terapeuta não basta ser observador e perceptivo; é preciso ser um observador *rápido* e minucioso – um observador dos *menores* movimentos do paciente. Às vezes, a *hostilidade reprimida* aparece num olhar do paciente, que dura meio segundo, quando lhe dizemos algo que não é de seu agrado; ou numa variação do tom da voz, ao longo de uma frase que pode até ser amistosa na letra, mas não na música. A *transferência positiva* pode estar num *olhar* que ama, admira ou suplica. O medo pode estar nos ombros, que se encolhem um centímetro quando o paciente fala do que teme.

Enfim, e despedindo-nos de Skinner, é preciso agradecer a ele por ter ensinado aos homens — com força — que, para reforçar comportamentos,

> é melhor premiar, elogiar ou
> dar prazer do que criticar,
> maltratar, ferir ou intimidar.

A Couraça Muscular do Caráter se mantém porque as pessoas (todas) *continuam* a se ameaçar o *tempo todo* — caso contrário, ela se desfaria. Ninguém se defende *do passado*. Só nos defendemos *do presente* (ver "Da morte à ameaça", pág. 190).

O psicanalista — ele também, e *sem perceber* — intimida e ameaça o paciente o tempo todo — como adiante se mostra.

Mísera humanidade, mesmo a erudita, que, ainda hoje e como sempre, transforma o Salvador em Bode Expiatório. Tendo Skinner *denunciado* o condicionamento de todos, ele passou a ser considerado... o Condicionador Maldito! Ele também, como Reich e Cristo, falou de Paraísos possíveis; mas parece que, de tão habituadas, as pessoas continuam a preferir o inferno. Omitem-se ao máximo para que ele aconteça de vez — de preferência rápida e definitivamente.

SARAVÁ!

POSIÇÃO DE REICH NA PERSPECTIVA SOCIOCIENTÍFICA DE HOJE

Ouvir e ver — dois universos incomensuráveis[1] ligados dialeticamente.

A Psicanálise é hoje ciência estabelecida.

Por volta de 1930, Reich acreditava estar começando a Psicanálise sistemática das expressões corporais; a *Couraça Muscular do Caráter tem a função*, entre outras, *de ser o principal da expressão corporal* das pessoas — do que elas *mostram* nas suas atitudes e movimentos. Mas passar do

ouvir-falar-ouvir (Psicanálise)

para

ver o outro

e o outro me ver (Análise da Couraça)

é começar uma nova ciência.

É, principalmente e acima de tudo,

voltar a acreditar nos olhos — na observação

(quase toda a Psicologia Dinâmica se resume à análise da expressão verbal e/ou da comunicação verbal).

---

[1] Incomensuráveis: que não admitem medida comum.

88 J. A. GAIARSA

A Couraça Muscular do Caráter é *o que se vê* do outro, seu modo de ser, seu jeito. Note-se a expressão *"modo de ser"*: faz parte de nossos hábitos mentais pensar no *modo de ser* como se ele fosse uma realidade apenas *interior*, em vez de *imagem visual clara*, a figura do corpo do outro, a expressão de sua face e dos seus gestos – sua *aparência*. Na verdade, a Couraça está naquilo que visualmente me permite reconhecer o outro; *é o que permanece ou se repete na sua figura*. O que se repete no corpo e nos gestos do outro será visto pelo terapeuta como se a pessoa fosse um mudo que quer *falar* (ser compreendido):

um mudo que fala ao mesmo tempo que a pessoa, requalificando tudo que ela diz.

Isso é o que Reich pensava estar fazendo – ampliando a Psicanálise. Em vez de ser a análise da motivação da comunicação verbal feita sem crítica e sem seleção, ela passava a ser, *ao mesmo tempo*, a análise das expressões não verbais do paciente; no mesmo ato, porém, é como se o paciente se levantasse do divã e se pusesse de *frente* para seu terapeuta.

Essa diferença, posta em palavras, é enganadora; faz pensar num passo a mais na mesma direção, praticamente com a mesma nomenclatura e com técnica semelhante. Mas passar da audição para a visão é, de um lado, mudar de universo sensorial e, de outro, começar a perceber a *relação* entre esses dois universos. Uma coisa é saber o que alguém pensa *lendo* o que ela *falou*; outra, profundamente diferente, é VER a pessoa – e ouvi-la *enquanto ela fala*.

Diálogos em grupos sociais, amistosos ou familiares, se postos no papel (escritos – sem nenhum acréscimo), podem ser incompreensíveis ou por demais equívocos; se estamos na cena, visualmente presentes a ela, por outro lado, o diálogo pode mostrar-se contínuo e compreensível porque os gestos, olhares, sorrisos e o tom de voz completam e reúnem o sentido das frases que, sozinhas, soam disparatadas.

Eis a questão:

> *Freud, que ouvia/falava,*
> *e Reich, que via* (e era visto)
> *e tocava* (mas não se deixava tocar).

A questão é básica e precisamos compreendê-la a fundo porque a diferença essencial entre Freud e Reich situa-se entre:

– ouvir sem ver;

– ouvir vendo.

O mais difícil da Couraça é entender o psicanalês preciso e rebarbativo de Reich, que a descreveu inicialmente *nos termos freudianos*[2], criados para a comunicação científica entre especialistas da nova ciência do diálogo humano – *estritamente verbal.* O uso dos termos freudianos na *descrição* da Couraça Muscular do Caráter me fez lembrar, melancolicamente, o vinho novo que foi posto em velhos odres: envelheceu ao nascer. Continua a parecer Psicanálise – mas não é mais.

Meu parecer é que a cisão entre Freud e Reich ocorreu por causa da passagem do ouvir para o ver, o que não é comentado nos textos. Nestes se fala das diferenças no valor dado por um e outro às ligações entre indivíduo e sociedade. Como se sabe, Reich comprometeu-se politicamente, Freud não. Ou então: segundo os próprios interessados, a separação se deveu a posições teóricas divergentes – ao *instinto de morte*, à sublimação e à interpretação do masoquismo que Freud propôs e Reich não aceitou.

O argumento que me autoriza a interpretar os fatos do meu modo é o seguinte: Freud, bem declaradamente, *colocou-se fora do campo visual*

---

[2] W. Reich, *Character analysis,* Nova York, Orgone Institute Press, 1949. A tradução para o espanhol é igual, e a primeira edição alemã é de 1933. Há tradução para o português (*Análise do caráter*, São Paulo, Martins, 2001).

90   J. A. GAIARSA

do paciente. A situação de Édipo, que tanto fascinou Freud, resolveu-se exatamente como a técnica psicanalítica: Édipo, como Freud,
arrancou-se os olhos.

Édipo, como Freud, não queria ver o que havia feito – ou o que fazia.

Meu outro argumento que ajuda a compreender a separação entre Freud e Reich é o seguinte: Freud, por motivo de segurança social, manteve-se a vida inteira a uma respeitosa distância do paciente, apenas falando e ouvindo, mas quase sem ser visto e vendo muito pouco (e vendo de um ângulo ruim de visão: não sei avaliar a expressão do outro quando a vejo *do modo e do ângulo* sob o qual Freud via – terapeuta na poltrona e paciente no divã).

Tocar corporalmente no paciente, naquela época, teria sido muito perigoso – principalmente para Freud, um tímido que se envolvia em relações pessoais as mais íntimas. Queira ou não, a Psicanálise é uma relação íntima; parece que dois terços das regras de Psicanálise foram feitas para salvaguardar a intimidade do terapeuta (de Freud).

Que intimidade posso ter – ou aprender – com quem faz sempre tudo que pode para não ter intimidade alguma comigo? (Digo ainda que na intimidade profunda a palavra desaparece!)

A MISTIFICAÇÃO DOS PODEROSOS:
EVITAR O CONFRONTO DIRETO EU E VOCÊ.

(Eu sou o *terapeuta* e você é o *neurótico*
– entendeu?)

Se Freud se pusesse a olhar muito para seus pacientes, como Reich começou a fazer, perceberia, em pormenores, que a pessoa fala com o corpo todo; mas ao mesmo tempo – e isso ele sabia muito bem – estaria *igualmente exposto* e sem possibilidade de *esconder seus* sentimentos e reações: tédio, desprezo, medo, irritação...

Mesmo os psicanalisados ainda sofrem dessas coisas, e analisá-las *depois* de acontecidas (na análise didática) não as impede de exercer seu efeito *no momento em que acontecem.* Numa etapa ulterior, Freud, como Reich, ter-se-ia sentido fortemente levado a interagir de maneira corporal com seus pacientes. Mas basta ler os dois autores, quando descrevem quadros clínicos, para perceber o quanto Freud era respeitoso, explicativo e reservado e o quanto Reich era decidido (quase fanático), empenhado e disposto a fazer o que lhe parecesse útil, mesmo que fosse *a imitação* de uma crise de birra de um paciente ou uma série de movimentos corporais que podiam desembocar em excitação sexual, masturbação, vômito ou crise de fúria.

NOLI ME TANGERE − *Não me toques*
(Não me tocas)
(Nada me toca)
(Não permito ser tocado −
por ninguém)
Depois, como posso tocar o outro?

Reich estava tentando vencer a distância corporal entre as pessoas, *distância que é uma das características mais marcadas da nossa tradição social.*
Ninguém toca nem mexe em ninguém.
É proibido!
Por quê?
Como também fui me aproximando fisicamente de meus pacientes, sei o quanto isso é difícil, embaraçoso e perigoso, o quanto esse modo de proceder desperta mal-entendidos, críticas e difamações (ver meu livro *Sexo, Reich e eu*[3]). Por isso acredito no que estou dizendo: Freud afastou Reich por temer demais a intimidade com

---

[3] São Paulo, Summus, 2005.

92   J. A. GAIARSA

o outro, porque queria e precisava preservar sua distância, o que foi feito com todas as regras que a Psicanálise usa para manter o paciente praticamente indefeso (inativo – *sem ação*) ante o terapeuta. A regra explícita – áurea – da Psicanálise é:
– *Diga* o que você quiser.
A regra *implícita* é:
– Mas *não faça* absolutamente nada (*é proibido!*).
(Todo agir dentro da situação analítica é um *acting out* a ser *analisado.*)
Dar resposta? Nenhuma. Nunca. Como se isso *fosse possível!*
Responsabilidade é responder – Fritz Perls.

E então acontece aquela cena de Vaudeville, que Sartre comentou em seu jornal, do paciente que *agrediu* o terapeuta. Esse é o protomodelo do medíocre, e seria injusto julgar a Psicanálise em função do que ele fez. Se após *dez anos* de análise o terapeuta não consegue avaliar a periculosidade real de um paciente, será melhor para ele ir criar galinhas. Mas o grotesco da história e da cena revela bem a fraqueza irremediável das regras da Psicanálise, que são as regras de um compulsivo quando quer/precisa manter o outro longe, *desenvenenado*: sem o menor risco de contato real.

A visão direta e frequente do paciente por parte do terapeuta (e vice-versa) e principalmente o contato corporal não são mais palavras, são ações que, em nosso mundo de isolamento corporal obrigatório, têm sempre muito significado, alto poder de envolver e comprometer.

Hoje essas coisas – consideradas mais fáceis – são tão difíceis quanto no tempo de Freud. Veja-se:
– Roberta DeLong Miller,
   autora de *Massagem psíquica*[4],

---

[4]   São Paulo, Summus, 1979.

– publicado em 1975 (original),

– sendo ela pessoa de Esalen, durante dois anos,

– após descrever sua técnica de massagem, ambos nus, com contato de *energia* contínua,

– nas últimas linhas, da última página (222),

– descreve alguns rituais simples para livrar-se de sensações penosas *absorvidas* do paciente;

– e, depois,

"Sempre lavo as mãos com... afastando de meus
pensamentos o trabalho realizado, *pois não é
coisa minha*".

Não é espantoso?

A ênfase é minha – claro.

Qual é o mitologema: Pilatos, que lavou as mãos, ou Macbeth, que não conseguia lavar das mãos o sangue de sua vítima? Qual é o crime? Contato com o outro! Por isso Freud não aceitou Reich. A Psicanálise de hoje é ainda verbal e estrita, de divã; sua ala direita acredita que qualquer agir é um *acting out*, o que é verdade, no sentido de que o *agir*, além de ser eficiente, é sempre expressivo.

Isto é, ao mesmo tempo que o homem *faz* coisas ou se *mexe*, ele está constantemente *mostrando como* se sente, o que pretende, o que teme – mesmo que nem ele nem o outro saibam *dizer* o que estão experimentando e vendo.

Para o psicanalista, o agir é sempre Resistência, isto é, fuga *ao falar*, porque a *realidade* da análise (sua *única* realidade) é o que se *diz*. Princípio de realidade...

O FALAR QUE ENGOLIU O VER – O HÁBITO DE FALAR QUE EMBOTOU O PERCEBER

A questão entre os dois grandes homens está incluída em contexto mais amplo.

Ao se referir a pessoas e às relações entre elas, leigos e estudiosos pecam, em regra, por certa omissão. A consequência é uma confusão *irremediável* tanto em trabalhos científicos como nas conversas usuais: as pessoas se concentram demais nas palavras ou frases *que foram ditas*; quase ninguém se preocupa em assinalar *como* as palavras foram ditas, com que expressão facial, com que gesto, com que tom de voz. Fala-se, nove em dez vezes, de situações e pessoas que *foram vistas*, mas pouco ou nada *se descreve* das situações e pessoas. *Toda* expressão não verbal fica omitida. O diálogo avança inteiro sobre pressupostos tão numerosos quanto mal determinados, gerando diálogos de surdos – todos convictos de ter sido compreendidos.

Humoristicamente se diz que falar com o Psicanalista é tão bom quanto falar com uma parede. O que não se acrescenta é que falar com uma parede *é* útil – se eu falar direito (comigo).

Podemos dizer de qualquer palavra:
- que ela tem sempre *o mesmo sentido* – aquele definido no dicionário. Se não fosse assim, não teria função. Que adianta dizer uma palavra quando ninguém sabe o que ela significa?
- de outra parte, cada vez que uso uma palavra, ela tem *um sentido único*, que pode, e só pode, ser compreendido levando-se em conta a situação, os personagens, o tema, o tom da voz, a expressão corporal – de quem fala e de quem ouve.

Dito de outro modo, formalizando a questão e absorvendo Lacan:

O *sentido aqui-agora de qualquer*
pronunciamento verbal só pode ser
conhecido aqui-agora.

O sentido aqui-agora de qualquer
verbalização só pode ser conhecido
com certeza se forem considerados
os elementos não verbais da
situação e os elementos não verbais
dos personagens.

A fala é a *forma*; e o não verbal, mais a situação, é *o fundo* – que dá sentido à palavra. O dialeta diz: qualquer *elemento* (palavra) só tem sentido *no contexto*, no não verbal, do qual nasceu a palavra.

Estou me fazendo redundante e até pedante com plena consciência. Estou declarando o que eu gostaria que todos os autores fizessem: separação cuidadosa, feita constantemente, entre o que é verbal (o que ele disse, o que eu disse) e os elementos não verbais, que são essenciais para a compreensão do sentido da palavra ou da frase. Discussões intermináveis, vagas e tediosas se sucedem em massudos calhamaços porque ninguém descreve (ou fotografa) o que *está vendo*. Sem as características não verbais

jamais

poderemos comunicar a um
terceiro o que de fato foi dito e aconteceu entre mim e o outro.

Descrever é muito mais difícil que
explicar...

Há muito os psicanalistas reconhecem que as melhores descrições psicológicas são as literárias; em regra, no mesmo ato, fica implícito que o pendor literário só existe no literato, isto é, o pobre autor científico jamais ousaria tanto...

96 J. A. GAIARSA

O modesto autor parece ignorar que um trabalho
científico vale exata e exclusivamente
pela precisão da descrição dos
fatos pertinentes – nem mais nem menos.

O psicanalista tem, mais que o comum dos mortais, um excelente pretexto para *não* descrever os pacientes com precisão: é
a análise didática, em função da qual ele passa a acreditar, *implicitamente*, que seus companheiros de ciência entenderão o que ele
escreve, mesmo que suas descrições sejam precárias, vagas e até
inexistentes. Ele fala de afetos, complexos, fixações, fases; ele conta
longos trechos da biografia de seus pacientes. Mas em minhas leituras *vejo que nem 1% do texto é de descrições de personagens.*

*Muito menos se diz o que quer que seja sobre a aparência do terapeuta
nos momentos significativos.*

Digo que a cada momento do diálogo o não verbal muda, e
com ele o sentido do diálogo; portanto, a descrição não pode ser
uma só, feita no começo do trabalho e pronto. O não verbal terá de
ser assinalado todas as vezes que for necessário – *o que é frequente* –
em relação ao paciente *e* em relação ao terapeuta.

Aquilo que acontece com o psicanalista acontece também com
a imensa maioria das pessoas; quase todas falam de dentro da ficção jurídica: se falou, confessou ou declarou, aconteceu (e pode
ser condenado por isso). Mas, se falou, falou – *o modo não importa*
(limite dessa loucura: a confissão sob tortura. Aí a pessoa diz *sim* e
então *fez... mais nada*).

Muitos dos desentendimentos humanos ocorrem porque
poucas vezes se tem o cuidado de dizer *como* o outro falou (com
pouco-caso, com desprezo, com superioridade antipática...). Esquecemos sistemática e preconceituosamente a diferença entre o Tribunal (a constatação) e o Teatro (a emoção e a pose),

mesmo estando cansados de saber que a diferença é espantosa. Sabemos bem que toda variação de expressão de rosto, ou de tom de voz, *faz variar* o sentido do que é dito (e da cena inteira), mas nem o povo, nem os psicanalistas, nem os psicólogos *usam* essa distinção.

Uma das boas razões para esse mau comportamento é esta:

se eu recompuser com cuidado *todos*
os elementos da situação, vai ficando
cada vez mais difícil *provar*
que eu estava certo – e ele errado.

Digamos assim:

se a situação que está sendo *lembrada* fosse *apresentada* em *videotape*, seria muito difícil para o relator *continuar a dizer da cena o que ele estava dizendo*.

Já tive *videotape* no consultório. Eu costumava ver muito *a mesma* história – digamos, uma dramatização – comentada por várias pessoas logo após o fato. Em seguida, recorria-se ao *tape*, repetia-se a cena e então se tornava claro:

– *todos* tinham *alguma* razão; cada um *via tudo*, mas lembrava, marcava ou selecionava somente certos momentos – *em regra muito poucos*;

– cada vez que se repetia a cena, novos elementos se salientavam, mais completa ficava a história – ou se fazia *outra* história. Pelo avesso: mais se percebia o *muito* que cada um deixara de perceber;

– o quanto a percepção *parcial* de cada um justificava certa interpretação. Mas, quando novos elementos eram apontados, a hipótese mostrava-se insuficiente – *sempre!*

Como no cotidiano os fatos *jamais* se repetem, torna-se *impossível* convencer as pessoas de algum erro. Em função do que selecionam e do que recordam, sua opinião é plausível. Dito de outro modo: em condições usuais, é *impossível* retificar ou ampliar

98 J. A. Gaiarsa

a percepção de um fato já acontecido. Daí que se faça impossível *corrigir* o outro.

Veja-se nesse relato como o termo "inconsciente" se aplica muito bem à *percepção*; as pessoas não avaliam o quanto

não percebem.

seu jeito de dizer.

Retornando: o *modo* de expressão do paciente é básico. *O do terapeuta também.*

Se nos detivermos sobre o fato, esclareceremos um dos pontos mais difíceis, importantes e obscuros da Psicoterapia. Os psicanalistas discutem longamente a oportunidade (*timing*) desta ou daquela interpretação, se deve-se começar pelo *mais superficial* ou pelo *mais profundo* (?), se pelo impulso ou pela defesa, se pela forma ou pelo conteúdo.

Reich, na *Análise do caráter*, fala muitas vezes de interpretações *definitivamente perdidas*, por terem sido dadas fora do momento. Chega a insinuar que erros dessa ordem podem tornar o paciente incurável. A interpretação, no caso, estaria a serviço da resistência[5].

Fico muito espantado com essa colocação. (Antigamente ficava confuso e apreensivo, sentindo-me por demais ignorante e inepto ante a sabedoria dos mestres.)

---

[5] Há quatro pressupostos nessa declaração de Reich: 1) nós sabemos como gente é; 2) gente é como a Psicanálise diz; 3) só a Psicanálise diz como é gente; 4) a Psicanálise tem uma Técnica Certa. Negada qualquer dessas afirmações, a posição de Reich (naquela época) não poderia ser mantida. Mas note-se: Reich na época pensava assim – ele também –, isto é, sem aceitar a menor alternativa intelectual, considerando implicitamente errôneas ou inúteis todas as demais posições e atuações psicológicas, o que é pouco elegante – no mínimo. E muito ingênuo. Sutil sofisma dessa posição: como eu não consigo saber de tudo, acabo me convencendo de que *o que eu sei* é tudo!

A fórmula seguinte parece resolver a questão – é clara e, ao mesmo tempo, do conhecimento e da experiência de todos:

qualquer coisa
pode ser dita
a qualquer pessoa
em qualquer momento e
em qualquer lugar
– dependendo do jeito.

O jeito tem um pouco que ver com a arrumação das palavras na frase (sintaxe), mas depende fundamentalmente do *tom de voz* do terapeuta e, depois, do olhar, da posição da pessoa que fala, da expressão do seu rosto. Portanto, se a pessoa se preocupa demais com o que vai dizer (se é a hora certa de declarar), é porque não percebe, não tem consciência ou não controla o tom da *própria voz*, não confia ou não conta com seu *modo de dizer* – instrumento técnico fundamental do terapeuta. Seu receio *pelo outro* (*Será que ele está preparado?*) é receio pelo *seu sentir* (medo de deixar escapar o sentimento na voz, de trair-se ao falar).

Em tom de voz genuinamente compassivo, podemos declarar os modos mais desagradáveis do personagem sem que ele se magoe ou se ofenda. Se conseguirmos um tom de voz de alguém que, com cuidado e interesse, procura dizer para o outro o que viu nele, também poderemos dizer para a pessoa aquilo que quisermos, e ela ouvirá seriamente – e considerará.

O tom de voz pensativo, sóbrio, de quem *tenta* acertar, esclarecer ou ajudar, é sempre bom, não desperta objeções ou respostas desagradáveis nem aviva resistências (é a mensagem de Rogers).

Alguns exemplos em sentido contrário: se *o tom de voz e o jeito* forem autoritários, dogmáticos, incisivos ou de convicção teórica profunda, aí a pessoa que fala se compromete com o que diz – no seu modo de falar! Nesse caso fica difícil desdizer o que foi dito. O malefício, *nesse caso*, é definitivo (para o terapeuta!).

100 J. A. GAIARSA

Dupla mensagem psicanalítica sutil (e mortal): meu *dizer* – ou meu silêncio – compreende a ti, mas *meu tom* de voz te condena, ou despreza, ou ignora, ou teme!

Será que o paciente é vítima de *suas* resistências ou será que ele resiste às *insinuações não verbais* do terapeuta?

SÓ RESISTE QUEM ESTÁ SENDO EMPURRADO OU PUXADO

Se alguém *vai comigo* ou se alguém *me convida* a ir, a ver, a pensar, é bem capaz que eu vá, veja e pense.

Consideremos, também, o caso dos terapeutas que não dizem nada, ou dos que dizem pouco.

Desde os primórdios da Humanidade, os que não *fazem nada* sempre acharam, em seu modesto orgulho, que nunca fizeram *nada de errado!* Se não fiz nada, como posso ter errado? Esse é um dos *princípios* mais fundamentais da posição conservadora, de lógica impecável e completamente falso (*não fazer nada também* é um *modo de agir* – tem consequências, *provoca* respostas).

Fazer pouco ou nada *como método* é uma posição descabida, serve para "proteger" o agente das acusações hipotéticas (*Que dirão os outros se eu fizer assim ou daquele jeito?*); mas é óbvio que *deixar de fazer* na hora certa é tão errado quanto fazer coisas descabidas ou inoportunas.

Além disso, é preciso lembrar sempre que, mesmo em silêncio, o terapeuta pode ter expressões de rosto variadas (importantes na terapia face a face): de enfado, de esforço para prestar atenção, de quem presta atenção mas está pensando em outra coisa, de preocupação, de espanto, de riso, de admiração, de desprezo, de inveja, de amor.

É preciso lembrar, enfim, que *o esforço* para *disfarçar* esses *movimentos* é *visível*.

Quem esconde/disfarça

mostra

que está escondendo/disfarçando

(e com isso *provoca* uma desconfiança que não se resolve pela análise – porque é real).

A mais sutil razão de disfarce *por parte do terapeuta* é bem igual à dos pais – medo dos próprios pensamentos/sentimentos em relação a si mesmo e aos pacientes (aos filhos): *Será que ele aguenta aquilo que me assusta tanto?*

Aliás, e como sempre, a resistência, considerada como apenas *desse* indivíduo, mostra-se quando se amplia o contexto como *costume social*. Digo que as pessoas vivem dando explicações sobre o que fazem *ou o que deixam* de fazer e dizendo coisas de si mesmas, nas quais, quatro em cinco vezes, só elas acreditam. Os outros *fazem de conta* que acreditam, mas sabendo que não é bem assim. O costume é não dizer nada para o interessado – seria *falta de educação*.

Com isso nos fazemos todos cúmplices na Mentira Comum – a de *nos mostrarmos* interessados.

O caso mais dramático é o do canceroso. Todos dizem que mentem para que *ele não se apavore!* Mas, em nosso mundo, *todos* temem a morte, e ninguém ousa falar/enfrentar o fato quando ela está por perto. Em conjunturas desse tipo, frequentes em Psicoterapia, tanto da parte do paciente para o terapeuta como deste para aquele[6], será mortal para a terapia deixar passar essas coisas. *No exato momento em que os dois reafirmam seu contrato social (Somos todos átimos – e nossas famílias também)*, os dois se fazem Cidadãos Normais e a terapia cessa. O consultório virou sala de espera, reunião social ou bar de esquina.

---

[6] A todo instante o paciente fala de problemas incômodos ou graves que o terapeuta *também* tem.

102 J. A. Gaiarsa

Creio legítimo generalizar:

– todas as terapias baseadas em esquemas fixos de interpretação põem o terapeuta numa posição falsa ao *exigir* dele uma
dupla mensagem. Se, na minha sabença profissional, eu *sei* que
esse paciente, *em última análise*, é um homossexual reprimido e fico aguardando a hora e a vez de dizer isso, durante
todo o tempo fico ouvindo e observando o paciente *de certo
modo* – que é igual ao do policial quando está diante do suspeito. (Pior: no caso do policial é uma questão de princípio:
todos são suspeitos. Com o terapeuta o caso é específico: *este*
personagem *é suspeito*.)
Será que alguém consegue confiar-se a quem suspeita dele?

Creio que esses altos jogos sociopoliciais têm tudo que ver com
a *profundidade* da interpretação que *o terapeuta* tolera sem susto.
Lembre-se de que a maioria dos terapeutas é de cidadãos assaz bem
adaptados ao sistema (ganham bem), são sossegados, rotineiros e
limitados; portanto, com medo de quase tudo – com ou sem análise
didática. Sei disso tudo muito bem porque fui e sou assim, porque
conheci muitos terapeutas assim (como amigos e como pacientes) e
porque fiz e faço muitos grupos de supervisão. Nada disso é mau ou
irremediável, apenas é assim e é daí que é preciso partir. A tragico-
média começa quando o personagem *se nega* a perceber que é assim.
Aí ele se torna perigo público ao fazer-se (sentir-se) onipotente *por
força* de sua Posição/Papel social (papel de Pajé ou de Guru).

Em vez de reconhecermos a reciprocidade de envol-
vimento e influência, simplificamos (e mutilamos) o
relacionamento dizendo que um é importante (porque *dá* ou *faz*) e o outro é... coitado (criança, povo,
neurótico) – precisa tanto da gente (porque *recebe* –
mas paga!).

A INCONSCIÊNCIA COLETIVA 103

Atualmente, com cinquenta anos de Psicoterapia, estou convencido de que qualquer afirmação pode ser feita para qualquer um a qualquer momento – mas é das mais finas indicações de maturidade terapêutica (e pessoal) conseguir *o modo* e *o tom de voz* acertados para dizer o que se pretende...

Como se consegue essa maturidade? Prestando muita atenção ao efeito de nosso tom de voz sobre os outros.

Pessoalmente, desenvolvi essa percepção e esse controle como defesa contra o tédio. Sou muito susceptível ao tédio e, ao prestar atenção ao que entedia, faz-se uma tortura. Quero dizer que em velhos tempos, seguindo as velhas regras, eu me aborrecia demais ouvindo o paciente falar "livremente" sempre as mesmas coisas, com raras exceções. Eu me defendia tentando entrar no solilóquio do paciente de mil modos diferentes e, aos poucos, fui aprendendo quais os tons de voz mais eficazes para fazer parar um solilóquio e transformá--lo num diálogo. Eu ficava, deveras, numa situação como predador e presa, aguardando o momento de poder entrar, desviar o curso, interromper um relato enfadonho e inútil, contrariar a pessoa sem que ela reagisse contra, levando-a a perceber o que ela não queria, por vezes acusando com força – mas com jeito –, e assim por diante.

Com esta fórmula em mãos – controle do *modo* de dizer –, pergunto-me o que resta dos textos citados sobre as noções de interpretações superficiais ou profundas, do id ou do superego, da fase fálica ou anal, do elemento tópico, da dinâmica, da econômica...

Se tenho o jeito, a pose ou o destino de quem sabe o que está dizendo ou fazendo, de quem tem formação profissional impecável, de quem tem uma teoria ótima (ou *única*!!!) e de quem está acima de qualquer suspeita de ignorância, erro ou desatenção, então sou um Pai Perfeito e o meu trabalho é tão bom quanto o da Família – da qual, o tempo todo, estou tentando retirar (liberar) o paciente!

Retorno do reprimido, disse Freud, num momento de inspiração!

104 J. A. GAIARSA

Nas terapias face a face, essa consciência do próprio rosto (e voz) me parece indispensável. E não basta ter falado a seu respeito na análise didática, se é que alguma vez nela se falou de rostos. É preciso *perceber aqui-agora a expressão de meu rosto*, ou erro a compreensão da manifestação do paciente, achando, clássica e atavicamente, que o caso é com seu Inconsciente (*Você está projetando*, versão moderna de *A culpa é sua – amole-se*). Assim, deixo de *perceber* que o caso é *com os dois* e esqueço que ninguém consegue falar *sozinho* – em sentido próprio[7].

Exemplo: mais de dois terços das horas de Psicoterapia do mundo são de queixas, lamúrias e lamentos. Dois terços dos terapeutas, durante dois terços do seu tempo profissional, acham (implicitamente) que

devem

ouvir

(e mostram cara e jeito de quem diz: *Tenho de aguentar*).

Numa terapia fluente (boa), ouve-se a queixa enquanto ela é informativa. Quando ela se faz repetitiva, é imperativo *impedi-la* para evitar:

– o enfado do terapeuta, que nesse estado *não consegue* prestar atenção a nada;

– a inconsciência da pessoa, que repete sua história de cor – sem perceber quanto! –, que repete sua condenação como um sonâmbulo.

Mais tarde, quando o terapeuta amadurece mais, começa a evitar queixas *no meio da primeira*. Aí ele passa da *declaração* (palavras) para a *voz/respiração*, que dão o *tom* de queixa; o *tom* denuncia a *posição corporal da vítima*, que é preciso alterar e gera a voz: que gera a queixa!

---

[7] Em meu opúsculo O *espelho mágico* (São Paulo, Summus, 1984) examino com vagar as consequências do fato: conheço muito melhor a face *dos outros* do que a *minha* – que vejo pouco, mal e preconceituosamente.

O VÍCIO DOS PAPÉIS COMPLEMENTARES

É incrivelmente *profundo*, em nosso mundo, o preconceito de que um *precisa* e o outro não. Os papéis sociais normalmente complementares e o hábito (inconsciente) de pensar em função deles fazem que se perceba, em regra, o que *ele* diz/faz enquanto *eu* não existo.

Ele não é *o* paciente e eu *o* terapeuta?

A Psicoterapia – na ala interpretativa – faz como todos (outra vez!): *Olha, meu caro, o errado é você, por isso, por isso, por isso...*

A esposa faz o *mesmo* com o marido (e ele com ela), a mãe com o filho, o professor com o aluno etc.

O problema é de pirâmide de poder: não se fala (ninguém fala) o que eu sinto e percebo, aqui–agora.

Fala quem *tem o direito* de falar (o superior); ao inferior cabe ouvir que a culpa dos dois, de tantos, de todos, é só dele.

Se levarmos *muito* em conta (acho que convém) nossa inconsciência/ignorância *visual* a respeito *de nossa aparência* (de *nosso* corpo/face/gestos), poderemos concluir muito paradoxalmente que

o outro nos conhece melhor do que nós,

se conhecer for igual a ver/perceber o comportamento *real* – o que a pessoa *faz*, seu *modo* de fazer, a insinuação contida em seu sorriso, em seu olhar. Não confunda esse conhecimento com o que a pessoa *diz de si* nem com o que eu *penso* (interpreto) dela.

A primeira regra de opressão é impedir a crítica, a denúncia e a acusação que possam vir dos *inferiores*.

TRANSFERÊNCIA NEGATIVA LATENTE

Por isso Reich elaborou o conceito de Transferência Negativa Latente bem antes do conceito de Couraça Muscular do Caráter.

106   J. A. GAIARSA

A Transferência Negativa Latente é o conjunto de *atitudes e atos* de protesto e crítica à autoridade, que *todos* são obrigados a *reprimir.* É o mesmo que dizer: é o ódio (reprimido) de todos e de cada um contra o opressor.

Quando se permite crítica ao oprimido, o que sai de início são em regra baboseiras. Os oprimidos, condicionados à submissão e assustados com o próprio ódio, não sabem se defender: mesmo ao criticar, ao se reunir em comícios e gritar, continuam fortemente predispostos à submissão. Se assumirem o poder (sabemos) farão muito parecido com o que a Autoridade fazia – isto é, o sistema continua.

A digressão sociológica tem por fim mostrar o paralelo dinâmico indivíduo/sociedade: o isomorfismo dos dois sistemas. Ainda: mostrar que é preciso conseguir do paciente que ele assuma *toda* sua raiva ou agressão – ato entre louco e heroico. Mas era isso que Reich cobrava de seus pacientes. Adiante voltaremos, mas que seja dito desde já: nesse ponto, Reich exagerava, mas o caminho é bom, importante e difícil – levar as pessoas a assumirem todo seu potencial agressivo, toda sua capacidade de odiar e exigir. Essa é uma das finalidades básicas de qualquer boa terapia, de qualquer vida bem vivida.

Outros exemplos de *ação de mão única* (daquelas que se acredita, ou se admite, que só vão ou só vêm):

– o das mães: *Meu filho é assim e assim. O que é que eu faço* (bem no fundo: contra ele)*?* O certo seria dizer: *O que é que eu estou (ou não estou) fazendo agora para ele reagir desse modo?*

– o dos psicanalistas: como o psicanalista fez análise didática (observe-se que maravilha de chicana jurídica), tudo que acontece com o paciente *é dele* (só dele). Jung dizia, com muita lógica e ironia, que se a Psicanálise fosse verdade nenhum psicanalisado *deveria sonhar mais* (por não ter mais repressões...).

A INCONSCIÊNCIA COLETIVA 107

– o do governo: para o qual o *comunista é* o culpado (e não a administração precária).

– o do povo: para o qual o *governo é* o culpado (e não a incompetência/indiferença política de todos).

E, com esse impasse dos dois interessados, dizendo-se reciprocamente *A culpa é sua*, nada se modifica.

Ninguém consegue ser *ele mesmo e o resto que se dane*. Somos *nós mesmos no* mundo, *ante* os outros, *com* os outros, *contra* os outros... Sem o outro eu não tenho explicação.

Creio que sem o outro eu não tenho sentido.

O caminho, pois, é a Análise da Situação Eu-e-Você (ou eu--no-grupo) *inteira*. O resto são ficções confusas, surgidas onde *estamos acostumados* (condicionados) a *não ver* o que está lá – que são dois e não um; que são

corresponsáveis.

Como pode o terapeuta precisar tanto do neurótico quanto este do terapeuta? Não foi *ele* que veio me procurar? Então é ele que precisa da minha mágica!

Precisa *de mim* – o que é outra coisa. E desse modo eu também preciso dele. Se não dou de mim, resta a mágica, mais ou menos fácil, das *interpretações*: dois terços delas são rotineiras, vagas, cáusticas, desorganizadas – ao léu e à beça. Se me omito (se tolho Meu Mito), ponho algo no lugar da *minha* realidade: a teoria, o autor famoso, a técnica, o certo, o que se deve, os outros especialistas (principalmente!). Que diriam *eles* se soubessem o que estou dizendo/fazendo neste momento?

Sabemos: o julgamento mais temido é o julgamento pelos pares, sempre competentes (mais que os outros), implacáveis, susceptíveis, invejosos.

Esquecemos que esse julgamento, porém, pode ter pouco que ver com os benefícios ou malefícios levados ao paciente pela terapia.

108   J. A. Gaiarsa

O preço desse omitir-se (dessa negação de si mesmo) é alto. O profissional de Psicoterapia, nos Estados Unidos, é o segundo a morrer mais cedo – com seis a oito anos *menos* que a média.

DIVAGAÇÃO: COMO O REPRESENTAR FOI SUPERANDO O AGIR NO PALCO SOCIAL

Na área da Psicologia Dinâmica, a tradição freudiana reforçou muito o pensar e o atuar no campo apenas verbal; mas essa tradição está em correspondência com uma maior, bem mais antiga e ampla, da humanidade inteira, que substituiu gradualmente o ser-em-ato pelo ser-em-palavra, à medida que a linguagem e a estrutura social se desenvolviam.

O teatro (social) surgiu com certeza nas horas de lazer, ao pé do fogo, após a caçada (ou o plantio). Deve ter começado com relatos de *Olhem como eu fiz para matar a zebra, o coelho* ou *o urso*: historietas pessoais relatadas com muita pantomima – e *todo mundo olhando*. Durante um tempo, *qualquer um* tinha a possibilidade de se fazer *centro* (do palco), porque o centro está onde todos olham. Os olhos estão sempre olhando para o que é mais importante. (Já o centro *convencional*, fixo, era o chefão propriamente dito.)

A agricultura trouxe o lazer com a certeza da comida – a indolência permitida –, o sonhar (fantasiar, representar) à vontade. E foram surgindo os rituais, os cerimoniais, as lendas (ligando-se aos costumes). Nascia a Ideologia...

Podemos formular a diferença entre ser-em-palavras e ser-em--ato de outro modo: para os animais, o centro da vida e da sobre-vivência está no agir, no movimentar o corpo todo em busca do necessário e na fuga do perigoso. No encontro biológico, tudo acontece muito depressa, tudo acontece no circuito rápido senso-motor (predominantemente visomotor).

A INCONSCIÊNCIA COLETIVA   109

No encontro humano, aprendemos todos a *suprimir* essa fase rápida: a avaliação visual do outro, fase que antecede o início do diálogo verbal – pelo menos é o que se espera: que as pessoas *não deem* muita importância à chamada primeira impressão.

> *O encontro,*
> *questão de vida* (às vezes),
> *questão de morte* (quase sempre).

A Psicologia Humanista vem dando muito peso ao termo "encontro" e, na mente da maior parte das pessoas, ele é considerado algo amoroso, amistoso, algo que se refere essencialmente a uma aproximação. É preciso apontar e dar muita ênfase ao fato de que o encontro biológico, aquele que ocorre entre animais, é um encontro não apenas agressivo, mas frequentemente mortal. Mais do que isso: em regra, ele se resolve em poucos instantes, muitas vezes em fração de segundo, como acontece com um inseto que fica preso à teia de uma aranha e com o peixinho que a gaivota pesca num mergulho veloz. Temos todas as razões do mundo para acreditar que a Natureza selecionou as espécies e os comportamentos, em grande parte, pela sua competência em apresar seu alimento ou fugir do predador. A palavra "competência", nesse contexto, significa acima de tudo *rapidez*.

Essa rapidez, esse agir forte e complexo num tempo muito curto foi cuidadosamente *construído* nos animais à custa de milhões de experiências de encontro – e morte! Sobrevivia sempre o mais rápido, e a rapidez era fator primário da sobrevivência[8]. O homem, na certa, não está fora dessa seleção, ao contrário: sendo o maior

---

[8] Um tigre consegue sua presa a cada doze tentativas; cães selvagens (em bando), em sete. Veja-se nesses números o valor da *velocidade* da presa, que consegue escapar *a maior parte das vezes.*

110   J. A. Gaiarsa

caçador que já existiu neste planeta, sua rapidez de percepção e resposta, em condições naturais, na selva, é tão boa ou melhor do que a da maior parte dos animais. Depois que os homens aprenderam a falar, as coisas mudaram bastante, porque ao circuito primário do ver-reagir se acrescentou o circuito verbal, incomparavelmente mais demorado. O tempo que demoramos para dizer *Atenção/Cuidado* é suficiente para que a ameaça – um automóvel, um tijolo que cai da construção – nos liquide enquanto ouvimos o aviso... Nunca li reflexão de autor que falasse em *velocidade de consciência* (e/ou *de percepção*).

A primeira impressão que se tem das pessoas – em regra em poucos segundos – é muito importante quando se encontra alguém pela primeira vez. Também depois, nos encontros subsequentes, o que se percebe nos primeiros instantes costuma ter muita influência na continuação do diálogo e da interação.

Quero insistir: estou falando de primeiras captações do outro como *figura que se vê*, e não frase que se entende. Mas, no encontro, esse ver o outro, o modo como ele está diante de mim, não é só uma percepção, é *também* uma resposta ultra-automática e ultraveloz que *me coloca/prepara* para o encontro (já é parte do encontro).

Coloca-me, isto é, põe-me e prepara-me *antes* que eu perceba *bem* a situação, *antes* de qualquer deliberação e/ou escolha.

A imensa maioria das pessoas tem consciência muito vaga dessa preparação – que é de todo *visível* (poderia ser filmada). Sabemos: quando, distraídos, de repente nos damos conta de que há alguém olhando, instantaneamente nos recolocamos (muito antes de pensar ou decidir).

Tudo que se chama inibição psicológica (recalque, repressão) é isso e é assim. *Na hora*, não fiz nada do que pretendia e, *depois*, fico horas ou dias pensando no que eu *deveria* ter feito ou dito... *Viver bem* – defender-se bem, realizar-se bem –, quatro em cinco vezes, é fazer ou dizer algo muito simples *no momento preciso*, momento que, não raro, é uma questão de segundos ou de fração de segundo! O tempo de um olhar, por exemplo, de um sorriso ou de um tom de voz.

Quando o encontro é declaradamente hostil (luta), aí se percebe com clareza maior que *ver o outro* e *colocar-se* é uma coisa só.

É assim que funcionam *também* os papéis sociais complementares, um servindo de estímulo para o aparecimento *imediato* do outro. Basta alguém *se pôr* de desamparado e imediatamente surge ao seu lado – como por mágica – um protetor ou um agressor. Basta que surja alguém autoritário e logo aparecerá o seu submisso, ou seu rival. Basta que apareça *o terapeuta* e logo surge *o neurótico!*

É, pois, *por meio dos olhos* (e não das palavras) que o encontro se inicia; é ainda com a participação *dos olhos* que o diálogo progride (a reação facial e corporal do outro influi bastante no curso do meu pensamento).

Na raiz de quase todos os problemas importantes da Psicoterapia e, na verdade, das relações interpessoais em geral está a *diferença de duração entre as respostas visomotoras, praticamente instantâneas, e as respostas verbais, que demoram no mínimo alguns segundos e no máximo muitos anos* (Processos Jurídicos, desinteligências familiares, Psicanálise).

Na situação *encontro*, os primeiros instantes são decisivos para que os participantes *se avaliem e se coloquem* um diante do outro *reciprocamente.*

Eu-e-você, quando em interação, tendemos para uma síntese, sendo um a tese e o outro a antítese (um o Impulso e o outro a Defesa ou a Resistência). Nossa Relação é a Dança dos Contrários...

112 J. A. GAIARSA

A FALA É A CÂMERA LENTA DO ACONTECER

Dentro da dialética entre o ver/reagir e o ser visto/reagir, de um lado, e o falar/ouvir/falar, de outro, o falar funciona como câmera lenta do ver/agir. O *relato* de qualquer fato demora muito mais tempo – *muito mais* – do que durou o fato relatado.

Toda a força da Psicanálise – falo da técnica e da situação clínica, do falar e do divã – está nesse efeito de câmera lenta, comparável à fotografia estroboscópica. Com essa técnica fotográfica podemos *fixar* – e *ver* – o milionésimo de segundo; é assim e só assim que conseguimos *perceber (ver) o que acontece muito depressa,* como a torção das pás de uma hélice quando em rotação, a deformação da bolinha de pingue-pongue no momento da raquetada, o olhar instantâneo de ódio mortal que nos é dirigido durante um décimo de segundo, a contração quase imperceptível do canto dos lábios no sorriso de pouco-caso, o lampejo de vitória (muito, muito, muito rápido) do jogador de pôquer quando *vê* a carta decisiva (o lampejo *ou* o quase imperceptível *reforço de controle,* para que ele não apareça). A *filada* durante o jogo de cartas é um artifício para aumentar a tensão, e *também* um chegar *lento* do dado, o que facilita o controle e o disfarce.

Quem não percebe essas coisas rápidas não está *dentro* da ação; pode até falar a esse respeito, mas de fora, como espectador ou crítico (*jamais* como participante), *e sempre* entrando *depois* do acontecimento, nunca *durante*. Logo, agindo/influindo sempre *atrasado*.

SOMOS TODOS PREDECESSORES DE FREUD!

Aqui, de novo, a humanidade se antecipou a Freud. A própria invenção e o uso da linguagem tiveram esse efeito sobre a humanidade inteira: transpor tudo que acontece para outro mundo, para outra linguagem ou para outro conjunto de sinais equivalentes que, porém:

A INCONSCIÊNCIA COLETIVA   113

– funcionam muito mais devagar;

– têm uma ordem fixa (sintaxe), a fim de podermos *arrumar* o mundo e de que nos seja dado *mantê-lo* arrumado;

– podem ser arranjados e rearranjados à vontade, como um quebra-cabeça peculiar: traduzo as coisas em palavras e depois posso arranjar *as palavras* mais ou menos a meu gosto. Mas é *importante* (e ridículo) recordar que *as coisas* não são mudadas pelo ato de falar, não assim, pelo fato de dizer como se pode fazer para mudar. Um programa não é uma realização, mesmo que os políticos vivam fazendo essa confusão.

Freud e a humanidade teriam descoberto uma técnica sensacional de retardamento do acontecer se a relação entre as palavras (que eu digo, que eu penso, que eu escrevo) e as coisas (que eu vejo, que eu manipulo, que eu toco, que me ferem) fosse sempre unívoca, de um para um. Mas é evidente que essa relação só existe na Matemática e no Direito; ambas as áreas lidam com uma realidade verbalmente definida, e não com uma realidade dada e de muitos modos mal conhecida.

As línguas mais ricas do mundo não têm mais do que dez mil vocábulos (*vocare* = chamar). Num simples jogo de futebol (noventa minutos de acontecimentos), existem mais situações do que dez mil palavras conseguiriam caracterizar. Note-se: caracterizar, não descrever; falo de situações típicas, e não únicas. Com jeito e paciência poderíamos isolar, descrever e classificar mais de dez mil situações *típicas* do futebol – dando um nome a cada uma delas... ou às formas das nuvens!

Mais um fato importante deve ser lembrado em relação à invenção freudiana da câmera lenta verbal: só falar (pensar) não é vi-

114 J. A. GAIARSA

ver, só falar (pensar) bem não é viver bem, só saber falar não é saber viver. De outra parte, saber falar e sobretudo saber explicar sucessos e fracassos é, na verdade, uma preocupação absorvente de um número considerável de pessoas e talvez uma característica essencial da Neurose Coletiva: se eu *explico* o que faço e, principalmente, o que eu *não* faço (mesmo que morrendo de vontade), aparentemente fico tranquilo (*absolvido*); o outro, nessas circunstâncias, muitas vezes *permanece* descontente e não se convence, *mas faz de conta que entende e aceita*. Nas sociedades ditas civilizadas, respeita-se absurdamente o *Eu tenho razão, Eu estou certo, Eu tenho direito*. Ao mesmo tempo, todos sabem que essas frases, quatro em cinco vezes, são meias-verdades, usadas tendenciosamente para coagir ou agredir o outro ou para se proteger.

Aquilo que *vemos* a todo instante é meio mundo (nosso campo visual é praticamente meia esfera); esse meio mundo muda instantaneamente − ou quase − a cada vez que mudo a direção do olhar ou movo a cabeça. É dessa meia esfera de estímulos, em regra numerosos e variados, que eu, ou alguma coisa em mim, *seleciona* aquilo que me importa, que me favorece ou prejudica. Essa é a condição real que nos permite *não ver* muitas coisas − porque estamos olhando para outras. Assim a alienação (a repressão) se eterniza *em tudo que está aí e eu escolho não perceber*.

VER OU NÃO VER − EIS A QUESTÃO (SOCIAL)

Precisamos lembrar determinado aspecto da visão[9], na certa o mais genérico (que envolve todos) e o mais dramático.

Uma boa introdução a esse tema é a história infantil do reizinho vaidoso que pagou uma fortuna (pública) por um maravilhoso

---

[9] Veja quanto os termos situados em torno da palavra "aspecto" se aplicam a analogias intelectuais e, ao mesmo tempo, a realidades éticas e geométricas: face, ângulo, distância, luz, perspectiva, foco, quadro, viés, situado/colocado.

A INCONSCIÊNCIA COLETIVA 115

traje invisível e, por força da profunda necessidade de coerência dos políticos, acabou desfilando nu pela rua.

Quando criança, eu não achava graça nenhuma nessa história.

Hoje, ao contrário, ela me parece uma parábola por demais feliz de quase todo processo de socialização, que consiste na maioria das vezes em fazer as pessoas *vestirem* hábitos e costumes sem sentido. (Note-se a sugestiva ambiguidade dos termos *hábitos* e *costumes*, que se aplicam a automatismos individuais ou sociais e, ao mesmo tempo, aos trajes, à roupa.)

De modo estranhíssimo, o reizinho vaidoso está muito próximo de Édipo. Este *não queria* ver o acontecido, e o reizinho exigia que todos *vissem o inexistente*. Um não tem sentido sem o outro, e um sustenta dialeticamente o outro – o binário da alienação.

Qual é o equivalente na Humanidade, para todos nós, daquilo que aconteceu com o reizinho vaidoso?

A sociedade *nos obriga*:

– *a ver* coisas *que não existem*,

como o interesse dos poderosos pelo povo, a pureza dos sacerdotes, a grandeza das mães, o mal da rebeldia, o prêmio da honestidade e tantas outras declarações semelhantes, cheias de incertezas e exceções e, apesar disso, propostas como verdades universais, eternas e incontestáveis. A força dessa lição coletiva (da coação coletiva) está no *acordo tácito* dos demais, que se mostram dispostos, a julgar pelas aparências (pelo que é aparente, pelo que se *vê*), a agir de acordo com o orador, se as circunstâncias assim o exigirem.

A força das verdades solenes está, ainda, no tom de voz de quem fala, tom há muito padronizado como se fosse fala teatral, que se repete sempre do mesmo modo, sempre com o mesmo jeito e a mesma entonação – todas as vezes que a lição do passado ou da tradição tem de ser repetida por um professor, pela mãe, por um espetáculo teatral, pelo presidente da República.

É espantoso o que as palavras nos fazem ver. Não falo da *existência* de coisas ou pessoas, mas da *maneira* de a gente *se colocar diante* de pessoas ou coisas, do *nosso modo de julgá--las* e de *reagir a elas.* Reagimos a elas muito mais em função do que nos dizem ou do que *sabemos* sobre elas (fatos passados, maledicência, diz-que-diz) do que à *percepção* que temos delas. As palavras têm mais força – em regra – que as sensações.

Caso mais do que típico (e infeliz): durante o casamento, a outra – a terceira – é sempre *aquela vagabunda,* e a legítima é sempre *aquela coitada – tão boa!* E ai de quem insinuar o contrário!

– A sociedade nos obriga também a *não ver* o que *existe.* A rigor, o processo deve ser chamado de Regressão Coletiva.

Se o lacaio disser o que viu no Palácio, a Realeza deixa de ser Real.

Se a doméstica disser o que viu na casa rica, o rico vira um qualquer.

Se uma criança se propusesse a dizer tudo que vê em casa, nas suas relações familiares, seria fortemente repreendida e castigada. Aquilo que mamãe acredita ser, que ela *diz* ser, que ela acha que *deve* ser, relaciona-se precária e aleatoriamente *com aquilo que ela realmente é/faz.*

Ponto crítico: as crianças, creio que entre os 3 e os 8 anos de idade, sofrem um dos conflitos mais fundamentais e mais angustiantes da vida (de todos):

Acredito no que eu vejo (olhos)

ou

acredito no que me é dito (palavras)?

A INCONSCIÊNCIA COLETIVA **117**

Ai de quem diz exatamente *o que está vendo!*

É ingênuo acreditar que as polícias secretas são uma invenção de adultos ambiciosos, de tarados irremediáveis ou de qualquer outra coisa semelhante. A vigilância policial começa com a família, e o policiamento familiar de posse, de ciúme e de obrigar a fazer *o que está certo* será para sempre mais pronto, mais tenaz e mais refinadamente cruel do que o de qualquer polícia secreta do mundo. A *tortura* familiar não é de dias ou semanas, é vitalícia, em regra.

A história do reizinho vaidoso tem um requinte delicioso: os alfaiates espertalhões, ao serem contratados para os serviços da roupa do rei, declararam uma propriedade mágica do tecido: tão rara era sua beleza que só pessoas de refinada sensibilidade conseguiriam ver o traje. Ficava selado assim o Pacto de Cumplicidade de Todos na Mentira Comum.

Para não fazer feio, para não perder *status*, para não parecer *por fora* ou diferente de todos, a população inteira da cidade declarava-se extasiada com a beleza do traje do rei.

Temos aqui *O processo* de Kafka às avessas: em vez de todos perseguirem todos, todos apoiam todos quando aceitam a encenação social como a mais fundamental das realidades.

Nesse sentido, todos os cidadãos normais podem ser considerados doentes mentais graves, porque reagir ao que não existe e deixar de perceber o que está aí – na nossa frente – são, na certa, os dois primeiros sinais e os dois sintomas mais inequívocos de perturbação mental, acima de tudo *perigosa* – para *todos*.

Em relação ao sexo, essa forma de perversão mental coletiva alcança o inacreditável. (Ver meu livro *Sexo, Reich e eu*[10].)

---

[10] São Paulo, Summus, 2005.

118 J. A. GAIARSA

A convenção governa o comportamento com mais força do que a percepção. A maior mágica da palavra é essa.

Temos, pois, bem no coração do pacto social, uma hipocrisia coletiva, como diriam os radicais, ou uma conveniência, uma convenção ou um contrato (jurídico), necessário à organização dos grupos; essa é a fórmula usada pelos moderados... *Nada mais louco que o bom comportamento!*

Tenho para mim que as sociedades primitivas, com seus rituais religiosos, orgiásticos, de puro lazer e brincadeira, de grandes danças e encenações, e os povos que se permitem a loucura periódica e/ou localizada são mais saudáveis do que os povos rigidamente organizados.

Estes têm de *viver sua loucura (ou seus sonhos)*
durante,
por meio de
e junto com as atividades cotidianas.

O mesmo se pode dizer das Personalidades.

O que chamamos transferência de comportamento é precisamente isto: a representação de um papel (de filho, por exemplo, ante um pai despótico) fora de lugar, fora de tempo ou fora de compasso. A transferência é um sonho que se vive acordado – meio acordado. É um comportamento fora de contexto.

A própria Psicoterapia pode ser considerada hoje uma atividade que surgiu no lugar dos antigos rituais de brincadeira e fantasia. Cada vez se espera mais, em Psicoterapia, que as pessoas se manifestem livremente, que vivam seu inexplicável num ambiente um pouco mais tolerante do que os demais palcos sociais. Mas é preciso dizer, desde já, que não basta o lugar; é preciso também o amigo – e o grupo. Ele é útil exatamente na medida

A INCONSCIÊNCIA COLETIVA   119

em que consegue viver, ele também, seu absurdo, sua incoerência e seu outro lado.

Até agora, o impasse foi considerado resolvido, em relação ao terapeuta, pelas psicoterapias de aprendizagem (análises didáticas). A solução é socialmente engenhosa e astuta, porque conserva e reforça as escalas de poder.

O paciente mostra ou vive sua loucura diante do terapeuta,
    que vive sua loucura diante do seu analista,
        e assim regressivamente, até Freud.
Em resumo e como sempre:
    todo poder vem de cima,
    e embaixo só pode existir fraqueza,
    temor e ignorância!

Aos nossos olhos de cidadãos bem formados, viver a loucura *a dois* seria extremamente perigoso, mas esse medo é o mais tradicional espantalho que *sempre* usamos quando continuamos a fazer como sempre fizemos, na meia-luz dos nossos automatismos, na meia lucidez do nosso sonambulismo crônico.

Quero dizer que esse medo de ser, de se sentir ou de se ver diferente de todos e de si mesmo é a primeira e mais fundamental das resistências psicológicas. Era de esperar de profissionais da área uma atitude de maior *desconfiança* diante dessa prudência.

Dizendo pelo avesso: é convicção minha (aprendida de Jung) que ou a loucura é vivida *simultaneamente* pelo paciente e pelo terapeuta ou ela é manobra de coação e exploração, exercício ilegítimo de poder. Ilegítimo porque disfarçado, porque negado *cientificamente*, isto é, coletivamente (mais uma das mentiras comuns que convêm a muitos − mais um traje invisível, de poder e de reforço da estrutura vigente). Se só ele muda − digamos que isso seja possível −, então eu continuo *o mesmo, como sempre fui, o profissional competente* no mundo das *convenções* existentes que *são* o Sistema.

120 J. A. Gaiarsa

Vamos falar bem claro: o neurótico (o louco) só pode ser *bem tratado* por outro neurótico (ou outro louco).

Ponto crítico dessa declaração: entenda-se por *neurótico* e *louco* não dois estados permanentes, mas momentos ou períodos. O *louco* terapeuta talvez saiba entrar e sair da loucura com certa facilidade (espera-se que ele saiba). Assusta-se menos porque já fez muitas vezes, mas continua sempre com medo, porque as loucuras são diferentes, e cada uma delas tem de ser aprendida/vivida de novo, e sempre se pode encontrar uma que não tem saída.

Quem não aceita ou nega essa eterna e indestrutível Espada de Dâmocles só pode se fazer festivo, *científico* ou bonzinho, o que não ajuda muito. Neurose quer dizer medo – e, se não se conseguir coragem (de decidir, de se colocar, de fazer), ela continua, por mais esclarecida que tenha sido.

E continua *nos dois* – paciente *e* terapeuta.

O PSICANALISTA – OUTRO REIZINHO INVISÍVEL

O psicanalista que acredita *aparecer muito pouco*, como pessoa, ante os olhos do outro, está bastante exposto a qualquer paciente que se disponha a ouvir com atenção seu *tom de voz* nas várias intervenções, observando os *tópicos* que ele comenta e os que *não comenta*. Para um indivíduo habilidoso, as próprias interpretações do psicanalista podem ser usadas para compreender o terapeuta. Enfim, mesmo o psicanalista mais conservador ainda *é visto* pelo paciente no começo e no fim da sessão e, quando interessados e olhando com atenção, sempre podemos perceber, mesmo num relance, muita coisa de outra pessoa.

Note-se: perceber (ou ver) não significa saber expressar em palavras aquilo que foi percebido.

O psicanalista que, como Freud, *fez tudo* para que sua pessoa *pouco e nada influísse sobre o outro* ainda assim se revela, mostra-se

A INCONSCIÊNCIA COLETIVA   121

e trai-se a cada passo. Aliás, e incidentalmente, jamais compreendi como é que se pode pretender apagar a presença pessoal a pretexto de não influir sobre o outro, quando nosso contrato de trabalho (entre mim e o paciente) diz que eu farei tudo que estiver ao meu alcance para influir muito sobre ele e modificá-lo – sem contar que essa ficção do *eu* (*terapeuta*) *não existo* só tem cabimento em Psicoterapia se se admite que, no terapeuta, o *técnico* e *a pessoa* são duas entidades inteiramente separadas (isto é, o terapeuta é completamente dividido, dissociado). A solução teórica proposta para esse impasse é a do mais ou menos. A divisão não é completa, diz o prudente; é um limite para o qual se tende indefinidamente, é um processo contínuo. Até aí, muito bem; pelo menos é plausível e possível – para quem acha que isso é o certo.

Mas, no parágrafo seguinte, os autores – inclusive Freud e Reich[11] – já voltaram a falar do caso como se o terapeuta fosse um anjo, um espírito invisível que a tudo preside e de nada participa, uma figura mais mitológica do que a própria divindade... E muito mais obscura, *mesmo estando aí!* Qual é sua função? Inativar o *pensamento mágico* do paciente... Mágico é o terapeuta!

Claro que é prático dissociar: ele vive/eu observo; pode até ser útil em certas circunstâncias, em certos momentos. Mas aí eu sou a consciência dele; por isso ele precisa/depende de mim. Se isso ocorrer às vezes, muito bem: vez por outra, qualquer um de nós precisa de auxílio, um apoio, uma luz. Mas cristalizar essa posição, considerando-a essencial para a situação e a técnica, é decretar a eternidade da dependência como regra. Melhor será se ele apren-

---

[11] Em um ou outro momento clínico, Reich ligava manifestações do paciente à sua pessoa real, à sua aparência. Mas o tom, nesses casos, é o bem conhecido tom de condescendência do terapeuta quando fala dos neuróticos – os coitadinhos. Nem Reich se deu conta de que *é essa condescendência que faz o neurótico continuar coitadinho.* Se ele fosse *tratado* como responsável, teria uma boa chance de *se fazer* responsável.

122 J. A. Gaiarsa

der a ser sua consciência – e eu, a minha... E, se começarmos a aprender desde o começo, tanto melhor.

Lembremos que a família é idêntica: cada um se preocupa com os outros durante a vida toda, e durante a vida toda ninguém é responsável por si mesmo.

Nada favorece mais a desorganização da personalidade do que um apoio incondicional e eterno! É exatamente igual – *e ao contrário* – à escravidão e ao autoritarismo.

Nos três casos – Psicanálise, família, apoio incondicional –, fica excluída a resposta do outro, e sem essa resposta não sei o que fiz nem o que pensei ou senti.

A famosíssima *mania de grandeza* (onipotência) nasce e continua a crescer porque a pessoa *não percebe as consequências de seu agir*. E não percebe, nove em dez vezes, porque o outro, objeto da ação, nada diz, nada mostra de si, finge, disfarça, e os dois – os dois – ficam perdidos, desorientados. Tanto faz que os dois sejam dois irmãos, marido e mulher, dois amigos, dois estranhos ou um paciente e um terapeuta.

AFINAL, O QUE FAZ O TERAPEUTA?

Na questão do terapeuta-objeto-de-projeção resta a pergunta final: que espécie de *responsabilidade* ele tem?

Em função do que se lê, do que se diz e discute em Psicanálise e Psicoterapia, o terapeuta

não tem responsabilidade alguma!

Se eu influo, tenho o que dividir do resultado dessa influência. Se eu não influo, não sei o que estou fazendo.

A responsabilidade, não havendo *pessoas* responsáveis, é da Ideia, da Doutrina, da Teoria, da Técnica – e, bem lá longe, de Freud (a Autoridade que permitiu).

Esta é a maior cesta de lixo da humanidade, a que engole e *anula* a maior parte dos problemas humanos: *o culpado* do que acontece é um impessoal/abstrato/inexistente.

A culpa é do Departamento (!) de Cultura, do Ministério (!) do Exterior, do Nazismo, do Decreto tal, da Psicanálise, de Freud.

Se o terapeuta é só isso – um Técnico Qualificado –, então é melhor nem pensar em Couraça Muscular do Caráter. Na medida em que ele falar da aparência do outro, estará autorizando-o a falar de sua aparência. Ele, o sujeito-terapeuta, começa a *aparecer* e a *ter de* responder pela sua aparência, o que não é pouco.

Essa digressão sobre velhas questões psicanalíticas tem por função, neste livro, colocar o terapeuta diante do paciente em termos mais

responsáveis

e

recíprocos

do que a maior parte das psicoterapias estabelecidas.

Não acredito estar falando de um ideal, de uma coisa apenas desejável ou bonita.

Estou dizendo que aqui-agora estamos presentes, ele e eu, numa IN-TERação ininterrupta – sempre em INTERação.

Na terapia face a face, eu, terapeuta, sou tão visível quanto ele, paciente. Além do que ele diz e do que eu digo, temos como sempre olhares, gestos, posições e tons de voz a nos revelar o tempo inteiro um ao outro.

Se qualquer elemento for retirado dessa descrição do par terapêutico, na certa substituiremos o elemento *teoricamente* retirado – *concreto, visível e atuante* – por uma "interpretação", um "símbolo" ou uma... projeção (d'*ele*, é claro).

124   J. A. Gaiarsa

Com frequência, os terapeutas *posam* de paizões benévolos, ou críticos, *o que leva fatalmente o paciente a comportar-se como filho.* Não é preciso dizer nada, e não adianta *dizer* que não é. *Bastam as atitudes* e o palco está armado – e a peça, velha, só pode se repetir.

Compulsão de repetição – dizia Freud.

De *quem* é a compulsão?

Da Neurose, da Técnica ou do Técnico?

Com frequência, se o paciente fizer um reparo crítico sobre o terapeuta, este reagirá mal, negando-se a responder ou dando mil explicações que não convencem, ou pondo um distanciamento e uma superioridade profissional de quem sabe mais – e não pode ser criticado. Nenhum hábito terapêutico é mais saudável do que estar atento *a qualquer movimento crítico do paciente.* É o que dizia Reich ao falar em transferência negativa latente, que é isto: o sentir/perceber crítico do paciente em relação ao terapeuta.

Fiquemos no essencial. Com demasiada frequência, os terapeutas se põem exatamente como os pais e demais autoridades do nosso mundo: não se admite crítica, o de baixo não sabe o que quer, o de baixo não me atinge, o de baixo só tem os direitos que eu conceder, só ele projeta – eu não!...

Consequência imediata: toda crítica e toda oposição que o paciente *não faz...* aparecem como *resistência!*

Suponho que a teimosia infantil, que o protesto e o emburramento do adolescente sejam isto mesmo: oposição *indireta* à autoridade que não permite – ou não sabe como – interagir e por isso *tenta impor/abafar/dominar.*

Os pais eram assim, os professores também, o governo nem se fala. Por que estranharíamos o psicanalista?

É preciso sublinhar este fato: todos os preconceitos sociais e familiares relativos a autoridades *funcionam desde o primeiro instante da Psicoterapia.* Não se trata de problema individual ou de uma inconsciência pessoal. A situação terapêutica – chamada consulta ou entrevista – é também uma situação social com seus arquétipos e *preconceitos*:

> – o paciente *deve*: falar muito, falar a verdade, *confessar-se*, confiar, acreditar...
>
> – o terapeuta *deve*: estar interessado, atento, simpatizando, sabendo as respostas e as soluções.

Nada melhor para varrer essas teias de aranha do que o terapeuta se colocar desde o primeiro instante como ele mesmo.

Um exemplo: se na primeira entrevista o paciente se mostra do tipo que chega com um longo relato, que ele vai fazendo *sem olhar para o terapeuta, e se esse relato não conseguir interessar espontaneamente* ao terapeuta, *será imperativo* interromper: *Você está contando a você mesmo uma longa e velha história que você sabe de trás para diante. Só consigo me interessar pelas coisas que lhe interessam de fato, e se você começar recitando uma lição decorada eu vou pegar no sono... Fale-me do que o toca de verdade.*

Precisamos ver essa mesma questão de outro ângulo. Recomecemos.

EU VEJO O PACIENTE E O PACIENTE ME VÊ

Digamos que me chame a atenção, num caso particular, certo jeito de superioridade desdenhosa do paciente. Digamos que este, alerta e vivo, ao ouvir a descrição que faço dele, retorne dizendo: *Mas o senhor tem um olhar de policial desconfiado. Como é que o senhor quer que eu fique desarmado diante de sua suspeita?* (Diante da expressão do seu olhar?)

Outro exemplo: após várias sessões, digo ao paciente que ele me parece quase sempre distante, distraído. Ele poderia me responder: *Já vi que o senhor repara muito em tudo que eu digo e em todos os meus gestos. Isso é embaraçoso. Não sei como ficar – e então fico longe!* Nesse caso, o que o paciente *viu* em mim foi a atitude ou papel de

126   J. A. GAIARSA

observador. O observador é tão separado com respeito à situação (essa é precisamente a função dessa atitude) quanto a distância que o paciente está mantendo em relação ao observador, a si mesmo, à situação terapêutica e à vida.

As histórias que li nos livros parecidas com essa (são poucas) são tidas pelos terapeutas como anedotas alegres e simpáticas, mas *raras* – o que é falso.

O terapeuta sempre tem uma expressão de rosto, *qualquer* que ela seja, e essa expressão *também* influi no diálogo.

Temos mais um conjunto de fatos a considerar, sempre na mesma direção: estamos muito mais preparados para falar/ouvir do que para ver bem. Por isso, mal compreendemos esta afirmação de Teilhard de Chardin: *"É preciso ver* **tudo que há** *para ver"*. A cada instante percebo (mal) mil coisas, e entre elas seleciono *o que me importa, o que me interessa*, e que é sempre pouco em relação ao total do que há para perceber. O *resto* eu não percebo, não dou atenção nem valor. Nesses casos, baseado apenas *no pouco* que eu me permito perceber, entro na situação por transferência, transformando, no ato, o presente em passado.

Na verdade, o processo real é o contrário: como entro na situação *preparado* (pré-parado!), só percebo o que convém e/ou o que se opõe à minha preparação – que assim é reforçada. As situações-estímulo que poderiam *de fato* me fazer mudar eu não percebo, a não ser que se imponham com muita força ou de surpresa.

COMPLEXO DE AUTORIDADE

Usemos um exemplo familiar: pai, professor, policial, presidente, diretor, rei, general, papa – são todos *autoridades*.

Em qualquer livro de Psicoterapia, lemos sem estranhar: os *neuróticos tendem a reagir do mesmo modo diante de qualquer uma dessas autoridades.* A frase, de tão repetida, já não mostra o gigantesco absurdo que contém: se imaginarmos com clareza *visual* aqueles personagens enumerados acima e, depois, *o neurótico* pondo-se e reagindo *sempre do mesmo* modo ante qualquer um deles, teremos uma cena surrealista das mais surpreendentes. Mais do que isso: acredito que seria impossível treinar um animal com técnicas de condicionamento a ponto de fazê-lo reagir do mesmo modo diante de estímulos tão diferentes. A *falta de discriminação* do neurótico quando, diante do papa, na televisão, sente-se como se estivesse diante do Sr. Ambrósio – seu pai – está no âmbito dos órgãos sensoriais mais simples que a natureza inventou, como os ocelos, olhos que apenas separam a luz do escuro e mais nada.

A resposta do neurótico depende *pouco* do estímulo e *muitíssimo* da *pré-disposição* do personagem. Ele está cronicamente preparado – subsistem nele sempre as mesmas tensões musculares crônicas – para se inclinar, para se pôr *sob* o olhar e *sob* o controle de qualquer pessoa *que olhe diretamente para ele.* Ele só olha para o outro fugidia ou acidentalmente.

Esse é provavelmente o estímulo próprio para ativar a atitude de submisso, que poderia facilmente *ser vista* no jeito do personagem. Se tantas *figuras diferentes* (pai, professor etc.) desatam *a mesma resposta*, isso não tem nada que ver *com as figuras*; *o personagem* está impedido ou proibido de olhar nos olhos – e teme ser olhado. Ele reage conforme suas predisposições: *pré*-disposição. Está *sempre* pronto, *arrumado, disposto* a colocar-se por baixo.

A ESTRUTURA DA ATENÇÃO NOS BANDOS DE SÍMIOS

Os estudiosos do comportamento dos animais descrevem, nos bandos de babuínos, por exemplo, a *estrutura da atenção* (do bando): os machos dominados ficam sempre na periferia do grupo e, durante a maior parte do tempo, ficam *olhando* para os machos do-

128 J. A. GAIARSA

minantes; estes, por sua vez, passam por eles *sem olhar* e, se o outro interferir, agridem-no duramente e sem hesitar.

Não é muito semelhante à mesa de refeições do pai autoritário? Na sala do professor ranzinza?

No departamento do chefe mandão?

É costume *do neurótico* (e da família), ou é comportamento específico (da espécie)?

O jogo de olhos na conversa entre as pessoas é um tema que mal começa a ser investigado com métodos precisos de registro. A neurolinguística e algumas escolas de Ioga são as únicas que cuidam da questão à qual retornaremos muitas vezes.

O esforço para mudar a direção dos olhos e o esforço que faço, na laringe ou na língua, para emitir ou modificar *o som* das palavras são os movimentos *mais leves e mais rápidos* que nós

podemos fazer;

– qualquer um deles pode mudar *essencialmente* o sentido de uma expressão fisionômica e/ou verbal;

– fazemos esses movimentos quase sempre sem perceber, porque eles duram apenas décimos ou até centésimos de segundo[12].

Em minha prática clínica, costumo apontar tons de voz quando pretendo que o paciente perceba seu julgamento de valor (*afetivo*) subjacente ao juízo da realidade, expresso no fraseado. Ele pode estar me dizendo que sua mãe era uma santa, mas o tom de sua voz é o da tristeza de quem teve uma *boa* mãe – que não lhe dava atenção individualizada – que não o amava como pessoa, mas apenas como filho.

---

[12] De cardiologista amigo – e competente – aprendi que o ouvido *treinado* pode *ouvir* intervalos de *milésimos* de segundo nas bulhas cardíacas eletronicamente ampliadas.

O paciente pode estar *elogiando* um amigo, mas *seu modo de falar* é claramente *de inveja*.

A pessoa pode estar *criticando* um irmão, por exemplo, mas o ouvido atento separa no tom de voz *uma música de despeito*, outra de *rancor* e uma terceira de *admiração*!

É sabido que a voz humana gerada num conjunto complexo de caixas de ressonância é riquíssima em harmônicos. Temos aí base física (sensorial) para explicar o que poderíamos chamar de *capacidade de insinuação* de significados da voz humana.

Se repararmos no último exemplo dado, veremos que lá há três insinuações, duas negativas (despeito e rancor) e uma positiva (admiração). Em vez de falar em tom de voz ou expressão de rosto, eu poderia falar de *afetos*, e muitos acreditariam que usar esta ou aquela linguagem não tem importância. Mas o leitor mais perceptivo se dará conta de que falar em *afetos* dá a todos os interessados a sensação de que sabem do que se trata; contudo, é evidente que a *descrição da expressão afetiva* (dos sinais motores que comunicam o afeto) é muitíssimo mais clara do que o uso das palavras que designam o afeto (rancor, despeito, admiração).

Mais do que isso: se eu apontar as respostas motoras, estarei levando o paciente a tomar consciência ao mesmo tempo de seus afetos *e de suas intenções* – do que ele *pretende* (sabendo ou não) e de *como ele se coloca* dentro da situação.

IDEIAS, FANTASIAS E INTENÇÕES INCONSCIENTES

Este ponto é importante. Freud e os psicanalistas usam os termos *ideia* inconsciente, *pensamento* inconsciente e/ou *fantasia* inconsciente e, em regra, separam bem o elemento configurado/configurante do termo *afeto*, não muito distante dos termos *instinto*, *impulso*.

Pessoalmente, prefiro *intenção inconsciente* a *pensamento, ideia* ou *fantasia inconsciente*. Parto da seguinte identidade:

130   J. A. GAIARSA

intenção é igual a em-tensão.

Parece claro que afetos ou instintos (energia) só existem, só atuam e só se manifestam (as três ações são uma só) na medida em que *arrumam, armam, dispõem e/ou preparam o corpo* em função de si mesmos.

É só então, só aí e só assim que o afeto pode ser:
identificado – pelo observador (que vê);
— pelo próprio sujeito (que sente).

Quero dizer que arrumar e preparar o corpo são movimentos e posições realizados pelos músculos.

A toda hora me sinto ligeiramente ridículo por causa de frases como essa, que são o óbvio retumbante. Mas a ausência dessas declarações leva a erros graves – e insanáveis. O psicológico não se explica nem se compreende em função apenas do psicológico. Ficar nisso é condenar-se a ficar entre quatro paredes. Ir de *mecanismo psicológico* para mecanismo psicológico é um jogo fácil demais depois que se aprende como fazer. O problema é ir do mecanismo psicológico para a situação e para o outro, para o *contexto.*

A INTERPRETAÇÃO E A FOFOCA – BEM MAIS SEMELHANTES QUE DIFERENTES

Mais um fator intervém na facilidade das *interpretações* psicológicas – de novo um fator que deve ser chamado de popular porque praticamente todas as pessoas fazem assim: quatro quintos das nossas conversas sobre pessoas (amigos, inimigos, familiares, personagens famosos) são muito semelhantes ao que se lê nos casos clínicos.

A *interpretação* psicológica – psicanalítica ou outra – é por demais semelhante... à fofoca! *Interpretamos* as ações das pessoas com notável falta de crítica, atribuindo-lhes motivos em regra escusos; *compreendendo* suas intenções, *explicando* suas fraquezas, vamos fazendo do outro a imagem das coisas que condenamos (e *também*

A INCONSCIÊNCIA COLETIVA **131**

desejamos)... Claro que ao mesmo tempo vamos dando a entender, a quem queira ouvir, que nossas intenções são sempre as melhores, que somos mais inteligentes, capazes, honestos...

É bom não tropeçar nas palavras e compreender que o clima básico de uma Psicoterapia é essencialmente de fofoca, um falar contínuo de coisas pessoais ligadas aos outros (parentes, amigos), sempre para descobrir quem fez bem ou mal à gente. O terapeuta, por sua vez, *explica* (interpreta) aquilo que ouve de nós, apontando quase sempre para motivos secretos – (quatro em cinco vezes) motivos que seriam chamados de *maus, condenáveis* ou *errados* por grande número de pessoas.

As diferenças maiores entre Interpretação e Fofoca são:

– observação mais atenta e mais contínua; coleta de *grande número* de fatos;

– atribuição do fato, em parte, a *fatores inconscientes*, enquanto a maledicência cósmica em regra considera o fofocado *culpado* – admite que ele *sabe e quer* o que *faz*;

– fofoca feita diretamente para ou com a pessoa interessada. O que seria esplêndido – se fosse feito!

Mas o terapeuta – como todo mundo – quase nunca põe em palavras a fofoca que ele *pensa* do paciente, isto é, sua reação pessoal. Ele percebe/elabora interpretações usuais, em regra genéricas, que poucas vezes *são* descrição de percepção, de sentimento ou de intenção. *Eu me ressinto de sua seriedade excessiva e muito pesada* – poderia ser o protesto (sofrido) do terapeuta ante um depressivo preocupado (*sempre* preocupado). Em vez disso, é bem provável que ele diga: *Você está deprimido para me dizer que eu sou o culpado*, ou *para provar que eu estou errado*, ou *porque você me ama e acha que não é correspondido.*

Custou-me descobrir e mais ainda ganhar a coragem de falar do *meu* sentir para o paciente – o que é uma

132 J. A. GAIARSA

das melhores técnicas para induzi-lo a dizer o que *ele* está sentindo – ou como ele e eu nos colocamos um em frente ao outro.

O que me importa neste momento é assinalar que a famosa e esotérica *interpretação* psicanalítica não é, nem de longe, a atividade especialíssima que nos textos e conferências se pretende fazer acreditar (mistificação). A maledicência comum desde sempre usou interpretações muito *semelhantes* às dos *mecanismos psicológicos* para *enquadrar* pessoas (para xingar/agredir e para *afastar* o outro).

Apesar de todos os disfarces e do aparato científico, a Psicoterapia é ainda hoje, em grande parte, um dizer para o outro, por exemplo:

Cada vez que você me critica você pede desculpas. É medo de que eu o deixe?

Veja, sua necessidade de agradar o leva a concessões absurdas.

Parecem e são interpretações de mecanismos psicodinâmicos. De outra parte, são a velha, velhíssima, *explicação: A culpa é sua, O erro é seu* – e, implicitamente, *Você deveria fazer de outro modo.* Esquecemos: se ele conseguisse fazer de outro modo, não estaria nos pagando. Costuma-se dizer nos livros que a tarefa do terapeuta é mostrar o que acontece; cabe ao paciente, *depois, fazer* com isso o que lhe aprouver. Para mim, é evidente que essa posição é uma negação de responsabilidade – do terapeuta –, isto é, uma negação da *realidade da relação* dele com o paciente. O que dizemos e fazemos tem influência sobre os outros e o *"Agora o caso é com ele"* é exatamente *o que fazemos todos os dias com as pessoas.*

Nada mais *natural*, nada mais comum do que ouvir esta afirmação enfática: *Aí, eu lhe disse umas tantas verdades bem desagradáveis (provei que a culpa/erro era dele).* O jeito das pessoas nessa situação é sempre o mesmo: acusador, autoritário e incisivo. Em palavras, essa

A INCONSCIÊNCIA COLETIVA **133**

atitude diz: **Eu** *cumpri minha obrigação, mostrei que* **ele** *estava errado. Agora cabe a* **ele** *fazer o que* **deve**. E o jeito é assim, final e categórico: *O caso é com ele. Não tenho nada com isso!*

Esse exemplo evidencia com clareza dois pontos:

- A semelhança com um Julgamento é evidente. Aquele que sabe tudo passou a sentença depois de ter feito a acusação e *provado* a culpa – do outro. Isso é verdade num Tribunal e só num Tribunal (no *fantástico mundo jurídico*).

- Quando as pessoas procedem assim, sabemos, elas estão ao mesmo tempo satisfazendo sua raiva ou seu ressentimento e, paradoxalmente, *negando* sua relação com o outro – negando a *inter*ação: o caso é *só* com ele.

É grande o número de intervenções terapêuticas (!) desse feitio. Em grupos de Psicoterapia verbal não dirigidos, é isso o que se faz 90% do tempo – como em qualquer rodinha de amigos e como em qualquer reunião social.

O PSICOTERAPEUTA E A COMADRE

Gostaríamos que o longo esclarecimento não fizesse o leitor esquecer o ponto importante: é muito estreita a ligação entre o conceito erudito de interpretação e o conceito popular de fofoca. O importante dessa semelhança, neste momento, é este: estamos acostumados (a Humanidade está acostumada) a interpretar os outros, e essas interpretações são dois terços de todas as conversas do mundo! Por isso, fazer Psicoterapia é uma atividade por demais fácil; quem se limita às explicações usuais corre o risco sério de se fazer apenas uma Comadre Especializada. Para o paciente, pode ter até alguma utilidade, tal o grau coletivo de opacidade psicológica e falta de percepção

134 J. A. GAIARSA

das pessoas; mas para o terapeuta é o Tédio, o sonambulismo, o agir em nível automático – *inconsciente!* –, a situação da qual se espera retirar o paciente... é também, ainda e sempre, fazer como constantemente se faz e como todos fazem. Qual é a vantagem?

QUEM VÊ CARA VÊ CORAÇÃO – SE ESTIVER OLHANDO E INTERESSADO

Precisamos examinar mais uma opinião e uma atitude populares que foram duplicadas na área erudita de Psicoterapia. Dito popular: *Quem vê cara não vê coração.* A Psicologia (dita científica) tampouco acredita naquilo que *todos sabem e usam* o tempo todo, *inclusive* o cientista (quando fora do seu contexto): todos sabem que o outro facilmente se *trai*, mostra movimentos faciais e corporais em momentos de surpresa, confronto, suspeita, interrogatório, contestação.

O cientista, oficialmente, adota o critério de consenso ou de maioria (ele também), e então nega ao evidente (evidente = o que se vê) o direito de existir no Universo Científico. Várias pessoas podem ver aspectos diferentes em outra pessoa: daí o cientista conclui que a leitura do outro é um tema de incerteza definitiva. Mas incerteza genérica não exclui certeza particular e muito menos um bom uso clínico de uma verdade incerta... Na verdade, quem está observando o outro com atenção pode perceber muito do que se passa no chamado "íntimo" da pessoa, porque grande parte do que acontece no íntimo produz movimentos faciais, gestos, mudança de posições de corpo etc. Mais particularmente, a face, com seus numerosos e delicados músculos, mostra muito do que a pessoa está experimentando interiormente. Os neurologistas dizem que o melhor *exame* que se pode fazer do funcionamento do cérebro é observar os movimentos das pessoas, porque dois terços do cérebro servem apenas à motricidade.

Quando solicitamos de um grupo que observe e comente um retrato ou a figura facial e corporal de um dos presentes, sempre colhemos material abundante, quase todo na faixa do plausível. Por vezes, mesmo uma plateia leiga consegue surpreendentes descrições de personagens e de seus respectivos passados apenas olhando o personagem e fazendo *brainstorming* – deixando *vir* à cabeça o que vier. Basta *autorizar* as pessoas e elas começam a ver (ou a dizer), porque observar o outro pode ser considerado um *ato instintivo*, embora nossa educação o condene (reprima).

As leituras corporais estão sujeitas a erros, não há dúvida; mas *não é possível evitá-las*. Tudo está sempre aí – sob os olhos.

Toda essa digressão é necessária porque estamos dizendo, desde o começo, que a Couraça Muscular do Caráter é uma entidade essencialmente corporal e visível. São nossos *preconceitos* (esses que estamos enumerando) que nos *impedem de ver* – ou de acreditar no que vemos. Não fossem esses preconceitos, tudo que tão trabalhosamente estou tentando mostrar (por meio de palavras!) seria, desde sempre, claro para todos.

No dia a dia, é evidente que as pessoas usam e abusam dessa leitura corporal feita subconscientemente; entre pais e filhos e/ou marido e mulher, a maior parte das suspeitas e desconfianças surge com base em olhares, sorrisos, jeitos, tons de voz. Mas, em regra, a pessoa não declara *nem percebe com clareza* que foi a avaliação das expressões do outro que despertou a desconfiança. *Depois* que as expressões do outro despertaram a suspeita, *então* começamos a procurar *fatos* que a *comprovem*. É o processo jurídico espontâneo, *natural*: modo de ter o bando do meu lado – se houver briga. Eu *estou certo, tenho razão. Logo, os outros me apoiarão.* É o processo de acusação *pública* porque, para mim, que *vi* o sorriso de pouco-caso e *ouvi* a voz que hesitou, já basta. Se eu fosse um animal ou um primitivo, já sairia brigando... (na *certeza de que o outro* está contra mim).

136   J. A. GAIARSA

Nesse contexto, convém recordar que a *leitura do corpo é* natural, em sentido próprio: é vital a captação da *intenção* do outro – captação da *ação* que ele está *disposto ou pronto* a fazer.

Nas suas lutas, nenhum dos oponentes desvia jamais os olhos do antagonista – a fim de não ser apanhado de surpresa.

Perceber o significado de certos movimentos durante a interação costuma ser fácil, mas, ao estudar a Couraça Muscular do Caráter, somos mais ambiciosos do que isso. Pretendemos *ler* também o corpo parado, queremos saber se é possível ler na figura do corpo do outro pouco ou muito do seu passado, das circunstâncias e dos personagens que influíram sobre ele, de *como* influíram e de como (de que jeito) ele reagiu a tais influências.

A IMITAÇÃO – COMEÇO DE TODAS AS COISAS

A Psicanálise primeiro, a maior parte das escolas de Psicoterapia depois e, por fim, a Gestalt Terapia baseiam a maior parte das explicações e das técnicas sobre a Psicopatologia das Neuroses no conceito de *Identificação.*

Hoje, a Psicanálise usa mais a expressão "Identificação Projetiva"; em regra, ela distingue teoricamente a Identificação da Introjeção e da Incorporação, mas essas diferenças – esses processos presumivelmente diversos, pois que têm nomes diferentes – não parecem ter utilidade. Pessoalmente, tenho pensado mais em termos de imitação, que para mim reúne todos os termos citados, é palavra comum e bastante clara para todo mundo. Identificação também serve.

Note-se de saída:

Identificação significa que certa pessoa se comporta, em certo momento, *de modo muito parecido com outra* – real ou imaginária (pai, mãe, atriz de cinema, personagem de romance); significa que uma pessoa *tem uma atitude, tem gestos, tem modos de falar muito semelhantes* aos de outra pessoa.

Definido desse modo, o campo sensorial do conceito é acima de tudo *visual*.

Se insistirmos em sublinhar características afetivas ou verbais do processo de Imitação, *minimizando a descrição do visual,* estaremos nos movendo, por escolha ou inconsciência, no vago, no reconstruído e no complicado (descrições e análises de fatos biográficos, lapsos e fantasias), em vez de usarmos dados que podem ser fotografados ou filmados (isto é, presentes, *atuantes, observáveis*).

O HÁBITO E O PRECONCEITO SÃO MAIS PODEROSOS QUE A PERCEPÇÃO

Tanto *ouvimos falar* de identificações – pelo psicanalista – que todos parecem ter esquecido que Identificação é um processo *frequente, clara e facilmente perceptível e demonstrável*. (Faz falta a palavra *mostrável*, mais direta e mais completa do que *demonstrável*. Esta é verboverbal; aquela, verbovisual.) Uma cena curta de mãe e filha andando na rua (ou sentadas na sala de espera!) mostra a Imitação em poucos segundos de observação, muito mais do que se diz dela em seis meses de análise!

É tão parecida com a mãe é uma declaração tão velha quanto a família.

Como ninguém tem uma *noção muito clara da própria aparência*, dificilmente tomaremos a iniciativa de falar dela para o outro (isto é, não temos *consciência de nossas identificações*). Mas aquilo que não percebemos em nós o outro pode *ver* – se ele for capaz, se estiver interessado, se foi alertado...

138   J. A. GAIARSA

A Imitação, como processo real, ocorre fundamentalmente no campo visomotor: tudo que nos entra pelos olhos tende a configurar nosso corpo em função daquilo que entrou.

Se o outro posa de autoritário ou superior, basta que eu o veja nessa atitude durante uns poucos instantes e, quase sem perceber, sou tomado por uma atitude complementar (corpo com jeito de submisso) ou de oposição (jeito autoritário, como o do outro: imitação-identificação *com o agressor* – Freud).

Se quero aprender uma atividade, sabemos, o modo mais rápido de consegui-lo é imitando alguém que esteja exercendo aquela atividade – manejar talheres (criança), fazer ginástica, dançar, fazer jeito de ofendido, de gentil, de respeitável, de solene.

Logo após assistirmos a um espetáculo que nos prendeu a atenção e entusiasmou, na certa saímos fazendo e dizendo coisas do jeito que achamos bom no espetáculo.

Após um filme de bangue-bangue, as pessoas saem do cinema com jeito e cara de quem *está pronto para* dar tiros! Depois de assistir a uma corrida de Fórmula 1, é grande o número de homens que saem por aí dirigindo perigosamente – e com cara de fera...

Após assistir a *Love story*, a maioria das mulheres briga com o marido porque ele *não* se identifica com o herói.

Na verdade, muitos se identificam, mas negam ou disfarçam. *Como* eles disfarçam? Reforçando a atitude de machão, estereótipo social do homem duro que não se permite essas fraquezas sentimentais. Mas o marido poderia reagir de outro modo, reprimir a ternura com a atitude de respeitabilidade: por causa de sentimentos, mesmo que bons, um homem digno não perde a compostura em público.

Aí temos dois excelentes exemplos esquemáticos de Couraça Muscular do Caráter: o machão e o respeitável. No caso, o impulso é a ternura; a Couraça é sempre a resistência ou a defesa (por definição), o estruturado, o configurado. Mas note-se, desde já, que se

A INCONSCIÊNCIA COLETIVA 139

entregar à ternura tem muito que ver com desmanchar-se, derreter-se, perder a configuração, deixar-se fluir. Resistir ou intensificar a Couraça (processo momentâneo), ao contrário, é um processo de endurecimento, de reforço da configuração corporal (ou da atitude).

IMITAR É VER-E-FAZER-IGUAL

Dizíamos que o processo de Identificação é primariamente visual. Os psicanalistas se deram conta desse fato, ainda que sem percebê-lo com clareza, quando em vez de Identificação começaram a usar o termo "Identificação Projetiva". Não se consegue saber, pelos textos, se esse processo é estrutural (*se faz parte* da personalidade) ou momentâneo, ocorrendo aqui-agora. Em Psicanálise, fica subentendido que o processo é estrutural, crônico. Pessoalmente, creio que ele pode igualmente ser atual.

Simplifico minha convicção com a seguinte explicação esquemática: uma pessoa que não sofra de restrição neurótica (de identificações crônicas), ao colocar-se dentro de uma situação, passa a reagir espontaneamente *em função do que vê* (de tudo que há para ver), do que ela pode ou não fazer, do que a situação permite ou não. Já uma pessoa com restrição neurótica está impedida, em maior ou menor grau, de identificar-se com o aqui-agora tanto nas suas respostas quanto na percepção e interpretação visual da situação.

A favor: o que os espetáculos valem e o quanto são procurados nos dizem também que a Identificação é um processo que ocorre aqui-agora.

O PROCESSO DE IDENTIFICAÇÃO E AS IDENTIFICAÇÕES POSTURALIZADAS

Parte de nossa divergência com o psicanalista se resolve no que ele está, em regra, interessado: em identificações *profundas*, isto é, nas semelhanças geradas na pessoa pelo contato antigo e frequente com personagens da família.

140　J. A. Gaiarsa

À luz dessas reflexões, podemos separar as Identificações crônicas, estáveis e posturalizadas das Identificações aqui-agora.

Creio que quanto menor é o coeficiente de Identificações crônicas (caracterológicas) maior é a capacidade de se identificar com o que está aqui-agora – melhor é a percepção. A identificação como processo atual é, com certeza, a base da Empatia Rogeriana, da capacidade de se colocar no lugar e no modo do outro, de ocupar sua posição (de *compreendê-lo*).

Aprofundaremos a questão ao estudar se a Couraça existe e se atua o tempo todo ou não.

Dizíamos que a Imitação é um processo psicofisiológico central na compreensão das perturbações neuróticas da personalidade. Um excelente modelo para examinar e compreender a patologia das Identificações é o da roupa.

As Identificações funcionam sempre e somente como vestimentas impróprias, que apertam ou folgam indevidamente, perturbando assim a execução de todos os movimentos e a manutenção de todas as posições corporais (atitudes).

Basta descrevê-las assim e logo se percebe que elas têm tudo que ver com a motricidade (que *eu* vejo) e com a propriocepção (que *ele* pode sentir/perceber).

As interpretações de identificações consistem em levar a pessoa a perceber/configurar *a* ou *as intenções* (em-tensões) que a movem ou mantêm aqui-agora; levá-la às suas intenções, isto é, de que modo ela está tensionada, preparada, posta, contraída.

A interpretação de identificações *tem de levar* aos movimentos; caso contrário, ela é inoperante, pois a semelhança que se aponta *é* de movimentos, completos ou insinuados[13].

---

[13] Se em Psicanálise se obtêm alguns efeitos das interpretações verbais de identificações, é porque nela são estudadas com cuidado as imagens (sonhos e fantasias) que fazem (implicitamente) ponte para a cena – o ator, a atitude.

A INCONSCIÊNCIA COLETIVA   141

Você fala como se fosse uma pessoa mais velha, solene e sentenciosa – parece um senhor *falando* (identificação com o pai – presumível).

Você está me elogiando, mas seu sorriso é contrafeito e seu tom de voz é queixoso e ressentido. Você me admira ou me despreza? Inveja? Tem medo de me agredir? (Identificação presumível com filho reprimido – *projeção* da imagem paterna no terapeuta). Na verdade, *atitude de filho submisso ressentido,* essa é a realidade que se *vê* e *se ouve.* O resto *se constrói.*

Mas, sempre e sempre, *interpretar* uma identificação é levar

do *verbal* (relato) ao *proprioceptivo*
– *ao preparado* para;
– *pronto para* (atitude);
– com a intenção de.

Quem se mostra mostra o quê?
Quem disfarça disfarça o quê?

Vamos diretamente à questão principal, que esclarece todas as demais.

O que mostramos nós – o que exteriorizamos – quando aparentemente não temos intenção de mostrar nada?

Poderemos mostrar "nada" em nossa aparência?

Numa sala de espera de cinema, vemos várias pessoas desconhecidas. Enquanto nos entreolhamos, o que estamos vendo uns dos outros? Alternativamente: o que estamos mostrando uns aos outros? O que o outro *vê em mim* e o que *aparece em mim* – são a mesma coisa?

Sabemos que na maioria dos casos a resposta é negativa. O outro não vê bem nem vê somente o que eu gostaria que ele visse. Costumamos explicar essa divergência – tanto socialmente quanto em Psicoterapia – dizendo que as pessoas se enganam muito sobre si mesmas, que todos querem causar boa impressão e por isso se falsi-

142   J. A. Gaiarsa

ficam. Não se diz nunca que minha aparência muda em função do outro e da situação. Não tenho *uma* cara nem *uma* postura.

Não sei de ninguém que colocasse a questão nos termos do meu livro *Espelho mágico*.

> Dadas a posição e a direção dos nossos olhos, em condições usuais estamos sempre vendo – e vendo bem – *o outro*, e nunca vendo – ou imaginando – *a nós mesmos*.

É impossível ver o próprio rosto, a menos que ele esteja refletido ou tenha sido fotografado; de meu próprio corpo posso ver toda a face anterior, porém de ângulo muito peculiar. Se eu visse o corpo do outro como vejo o meu, dificilmente saberia dizer o que ele estaria exprimindo (é como o psicanalista que de sua poltrona *vê* o paciente no divã, geralmente deitado de costas, com a cabeça próxima à dele). De minhas costas vejo nada – e quase nunca olho (ao espelho).

Ao dizer que as pessoas não *conhecem* a si mesmas, estamos dizendo, acima de tudo, sem ter consciência disso,

> *que as pessoas não veem a si mesmas*; não se veem completamente, *não conhecem a imagem do próprio corpo nem do próprio rosto*. Os outros, por sua vez, estão vendo essa imagem o tempo todo e, na certa, usando-a no relacionamento.

Em meia hora de conversa com um desconhecido, vejo e aprendo mais sobre expressões de seu rosto e corpo do que vi das expressões do meu rosto e do meu corpo durante um mês ou mais. Só posso conhecer minha imagem observando-a ao espelho; contudo, nossos costumes dizem que isso é feio, que a gente não deve se olhar assim. Para me arrumar ou me enfeitar, posso olhar quanto eu quiser; mas, se é apenas *para me ver*, então é muito estranho, meio esquisito e provavelmente patológico! (Não é se olhando ao espelho e fazendo caretas que o esquizofrênico começa a ficar esquizofrênico?)

Logo, *nada de se ver* – *é proibido*.

Logo, somos todos invisíveis – *para nós mesmos*.

Bendito reizinho nu!

De outra parte, as psicologias dinâmicas falam muito da imagem de si, imagem do eu, imagem do eu ideal. *Nenhuma delas* refere-se ao corpo da pessoa, concreto, real, visível e palpável – só a hipotéticas entidades interiores!

Em outro lugar, em Fisiologia Cerebral, também se fala da Imagem Corporal, nesse caso referida a certas áreas do cérebro nas quais se concentra e organiza a maior parte da sensibilidade corporal. Mas essa Imagem não tem servido de nada para o psicólogo. De nossa parte, achamos que a Imagem Corporal do neurologista está em correspondência, ponto a ponto, com as *sensações corporais presentes aqui-agora*, particularmente com as *sensações proprioceptivas*, sempre presentes e servindo como coordenadas em relação às quais todas as demais sensações corporais se ordenam, organizam e configuram.

A propriocepção é a imagem, a *cada* instante, de nosso *esqueleto* dinâmico, das forças reais que mantêm nossa forma e são, ao mesmo tempo, as *intenções* (em-tensões) que nossos desejos e temores armam ou compõem em nosso corpo. Essa é nossa organização sensomotora; a propriocepção – retrato da posição, do movimento e das intenções – é a que marca o efetivo, o eficiente, o *relacionamento concreto* com a situação e o outro. A propriocepção retrata o que eu pretendo *fazer* com o outro ou com a situação.

Há tempos se dizia, pensando em Freud, que no mundo psicológico *o efetivo é o afetivo*.

Na verdade, a regência primeira – o efetivo – é a motora-proprioceptiva. Importante é o fazer e o perceber o que *estou* fazendo (ou apenas *como estou*), não o que estou pensando/falando; muitas vezes, nem o que estou sentindo (sentimentos) é o mais importante. Posso estar *explicando* o outro muito bem (aparentemente

144   J. A. GAIARSA

amando-o: *quem compreende é porque ama*), mas, ao dizer para ele minha explicação compreensiva, minha voz pode mostrar um tom claro de condenação; o que *chega lá – o* que *penetra* na pessoa – é a condenação *e não a compreensão.*

Talvez soe estranho dizer que é preciso perceber o que *estamos fazendo.* Sabemos *sempre* o que estamos fazendo. Esse é um dos nossos preconceitos morais/intelectuais mais profundos. A verdade é que, nove em dez vezes, não sabemos; vamos *falando* enquanto dirigimos o carro, enquanto andamos, enquanto manipulamos um cigarro, enquanto manejamos uma caneta, enquanto gesticulamos. Nesses casos todos, sabemos mais ou menos bem o que estamos dizendo/pensando, mas

não temos a menor ideia

de como, de que jeito, de que forma, estamos:

– dirigindo o carro (o amigo sentado à direita é que sabe...);

– andando;

– manipulando o cigarro;

– manejando a lapiseira;

– gesticulando.

É isto: nossos automatismos – numerosíssimos – **fazem-se sozinhos**, *enquanto nós pensamos/falamos coisas.*

As *mágicas* de Fritz "Gestalt" Perls são todas nesta área: no apontar para a pessoa aqui-agora todos os automatismos (expressivos: gestos-vozes) que estão se fazendo *sem que ela perceba.* Em suma,

a Imagem de meu corpo, *que o outro vê,* está em correspondência perfeita *com minhas sensações corporais,* mas não necessariamente em correspondência com o que eu *penso, sinto* (sentimentos), *digo* ou *sei* dessas sensações.

Posso estar sentindo ou não essas sensações - mas elas estão aí, quer eu queira, quer não.

A INCONSCIÊNCIA COLETIVA 145

É o próprio *Pré-consciente* (Freud): é só apontar e a pessoa percebe.

Se não amarrarmos essas coisas ao concreto, diremos sobre a Imagem de si ou sobre a Imagem do eu Ideal tudo que nos aprouver, e também desse modo se reforça a Comadre Especialista (em Fofoca).

Se é verdade que as Identificações funcionam como trajes que usamos mas não servem para nós, podemos concluir: qualquer Identificação é patogênica. Dizer portanto que *é natural* para o menino identificar-se com o pai, e para a menina com a mãe, pode ser até natural mesmo – ou inevitável –, *mas é prejudicial sempre!*

Adiante retornaremos à questão de como funcionam e de como se processa a assimilação das Identificações.

Observar e interpretar o que se vê é o principal de qualquer aprendizado e interação.

No caso, *interpretar* significa: dada a figura – a aparência do outro –, *saber para onde ela está pronta para ir* (*o que pretende*), porque ela pode vir até mim com boas ou más intenções (em-tensões), e é bom que eu perceba/saiba de suas intenções *antes* de ela chegar muito perto!

A criança, desde que nasce até saber falar bem (4 a 6 anos), vive da observação dos próximos; ela adivinha (!) facilmente a disposição do outro em relação a ela, como olha e como sabe preservar-se de olhos! À medida que aprende a falar "bem", vai deixando de ver...

Meu critério pessoal para avaliar crianças é este: se ainda *sabe* olhar, o principal está salvo; mas, se olha pouco, se olha para verificar o controle que exerce (ou sofre), então já é neurótica, já se perdeu, já não vê tudo que há para ver. Começou a ver somente *o que* a preocupa, está prevenida, está sofrendo uma restrição essencial *da percepção* – perda que gera medo (do que *não* foi percebido), que reforça a Couraça, que restringe a percepção ainda mais...

146   J. A. GAIARSA

Angústia é o medo (real) de uma ameaça (real) presente aqui-
-agora, que a pessoa não sabe (não quer saber), não percebe (não
consegue perceber) o que é, de onde vem, quem é, como é.

A angústia provém de tudo que eu *não percebo* – mas
está aqui.

As mães não odeiam os filhos; logo, minha mãe *não pode* estar me
odiando. Mas, às vezes, ela me odeia; é uma ameaça que eu *não
me permito* perceber conscientemente. Aí tenho pesadelos com a
bruxa, a *mãe má*, que social e convencionalmente *não existe.* Qual
mãe é má? Nenhuma. Meu medo, portanto, é estúpido, irracional,
é complexo, neurose, infantilidade...

Um dos modos fundamentais de perturbar *para sempre* a segurança das crianças (depois adultos) é... confundi-las – desse jeito
que estamos dizendo.

Como nós confundimos as pessoas?

Dizendo para elas, como no exemplo da raiva das mães, que o
que elas *estão vendo* não existe.

O caso alcança limites espantosos nas guerras familiares *frias*,
nas quais *todos se comportam anos a fio como se nada de mal estivesse
acontecendo*, enquanto *todos* sabem que está – e a cada dia que passa
o constrangimento aumenta (ver "Da morte à ameaça", pág. 190).

OS ANIMAIS ACREDITAM (REAGEM DE ACORDO) COM O QUE VEEM

A leitura de corpo é o principal *aprendizado* de todos os animais
superiores que, hoje sabemos, têm comportamentos e regras sociais
relativamente complexos. Todos os filhotes aprendem por imitação, sem que ninguém lhes faça sermões (verbais – os animais não
falam), mas os adultos vão *fazendo* ações pedagógicas nem sempre
muito suaves... Quase sempre é o olhar – e o olhar rápido – que

A INCONSCIÊNCIA COLETIVA   147

decide o encontro biológico. Apanhar a presa de surpresa (*à traição*, em termos sociojurídicos) significa chegar perto *sem que o outro veja*, condição ideal para a vitória. Durante a luta, se um dos oponentes consegue *desorientar* o outro (fazê-lo dar voltas até que em certo momento ele não saiba como está), no instante seguinte ei-lo também vitorioso (isto é, vivo; e o outro, morto).

Uma parte apreciável do valor do olhar nas relações humanas está bem descrita, mas nem sempre bem compreendida, na Psicanálise sob os palavrões usuais: voyeurismo e exibicionismo, comportamentos centrados ambos no olhar, ambos na área erótica.

Mas estamos vendo e mostrando que os olhos são fundamentais em todas as respostas hostis e agressivas e em todo comportamento de exibição, de dominação (*dominance display*), cuja função é manter a ordem dentro do grupo. São comportamentos dos mais frequentes entre os animais superiores. Consistem, em regra, em movimentos de ameaça, que bastam para manter as coisas nos lugares, porque *antes* ocorreram lutas e a força relativa dos componentes do bando ficou estabelecida. E então basta recordar a surra fazendo cara feia – como se faz na mesa da família.

Aqui os psicanalistas lembrariam toda a teorização de Adler sobre Inferioridade e Superioridade – e com toda razão; mas não é um aspecto do comportamento animal (e humano) que possa ser ligado principal ou exclusivamente à sexualidade. É o comportamento instintivo que constrói e mantém a ordem (certa ordem) social.

Depois, e na prática, *avaliar pessoas é* o que os chefes competentes sabem fazer melhor – e é o problema básico de toda a Psicologia do Trabalho (e da Organização).

Contra o ceticismo dos cientistas (e do povo) que não acreditam na leitura do corpo como método científico, afirmamos

148   J. A. GAIARSA

que a avaliação do outro entra em tudo que fazemos, que essa avaliação é essencialmente visual e subconsciente na maioria das vezes. Seria melhor que se fizesse consciente, isto é, declarada (institucionalizada).

ENCARAR O OUTRO É FEIO – NÃO SE DEVE!

Piorando a situação, recordamos que *faz parte de nossos preconceitos dizer que não fazemos essa avaliação!* Mas é essa avaliação que mantém um grupo novo imóvel e em silêncio durante a maior parte do início do encontro! Todos sabendo que estão sendo vistos – e julgados (e julgando)!

Ainda com base na família: um dos indicadores mais precisos e mais precoces de desentendimentos secretos entre duas pessoas – quando não há briga evidente – é o desvio do olhar: nenhum dos dois olha para o outro. Quando esse é o caso (em Terapia Familiar), costumo fazer que as pessoas se detenham nele antes de mais nada e recomecem o diálogo incluindo o olhar. Trata-se de falar com o outro olhando frequentemente para seu rosto e de olhar *para ver, e não apenas do passar de olhos (usual) que não vê,* que muitas vezes *é feito para não ver ou para ver só o que "confirma" as suspeitas e os pressupostos de ambos!*

Detivemo-nos nesse fato porque ele tem valor geral e valor psicoterápico. Somos todos condicionados socialmente a diminuir muito o valor da primeira impressão que temos de uma pessoa, assim como de tudo que colhemos de impressão corporal – e musical (música de palavra). Tenho razões para crer que se trata de um processo de *repressão coletiva.* Acredito que uma das funções dessa repressão é atenuar o valor e a força daquilo que dizemos por meio do corpo (e o outro *vê*). Faz parte da Mentira Coletiva dizer que o outro *esconde o que sente* (que ninguém pode perceber o que o outro sente).

VER OU NÃO VER – E NÃO ESQUECER –,
EIS A QUESTÃO

É familiar a todos – e por isso não estranhamos – o caso de alguém que desperta em nós *inicialmente* uma impressão ruim, mas *com o tempo* conseguimos ignorar. Muitas vezes podemos localizar a origem da má impressão que tivemos num sorriso crônico de superioridade ou de desprezo, num jeito persistente de vítima, num olhar de policial desconfiado, numa boca que parece sempre enjoada e outras impressões desse tipo. A estranheza do fato é a seguinte: o jeito do outro continua lá, mesmo que atenuado, *mas nós aprendemos a não vê-lo* (não nos incomodamos mais com ele) – pelo menos é o que dizemos. Mas as pessoas não se perguntam *como se faz para ignorar o que estão vendo*.

Dentro da noção de Couraça Muscular do Caráter, o ignorar se faz por não deter o olhar no que importa e pelo olhar inadequado. Exemplo de olhar inadequado: oito em dez vezes, as mães não *veem* a pessoa do filho. Elas olham apenas para ver se o filho *está fazendo certo ou errado*. Se ele está se comportando *como* deveria ou não. Essa mãe vê ou não vê o filho? – eis a questão deste livro. O patrão vê o empregado? O governo, o povo?

Nas relações (casal) em franca putrefação, *a visão* dos dois juntos é uma das coisas mais deprimentes do mundo. *Nada* do que um faça, olhe, diga ou pense escapa ao outro – como predador e presa aguardando o instante do pulo e da dentada fatal. E *vivem* assim (anos!), matando-se ambos a cada instante – com o *olhar*!

Ao lado do trágico, um cômico tétrico: ela, ácida, veloz, curta; ele, amargo, lento, arrastado – um *reforçando* o outro em tudo que fazem juntos (e *continuam* a fazer juntos – até sexo!). O arrastado dele (no gesto, na fala, no porte) irrita o curto dela, que fica mais curto ainda, o que fere mais o arrastado dele, que fica mais arrastado (de mágoa e de ódio).

150   J. A. Gaiarsa

Assim é com o ácido e o amargo, com o veloz e o lento.
É preciso *ver* a *cena*, os personagens e as faces, aí tudo fica claro. Se fossem gravados e mostrados *cada um a si mesmo*, na certa levariam o maior susto da vida. No entanto (e voltando), aquilo que fere, que grita e espanta o recém-chegado *não é visto* pelos personagens. Interrogados, darão mil motivos, razões e fatos, mas *não dirão nunca que o que um não aguenta no outro é a cara.* Aliás, resumo da tragédia (por isso não é vista: levaria ao assassinato ou ao suicídio!): tribunal, prisão, carrasco, carcereiro, promotor (defesa não tem), tudo junto – em dois,

na cara

(não na palavra).

Como se sentem os filhos?

Reich, na *Análise do caráter,* insiste muito para que não nos esqueçamos daquilo que nos chamou a atenção (ou nos incomodou) no paciente. Seu princípio número um de análise do caráter é *consistência interpretativa* em torno da resistência cardinal (*o eixo* da couraça do paciente).

> É importante colher e *conservar com cuidado* a primeira impressão que temos do paciente e começar a falar com ele sobre o que nele nos incomoda *antes* de *aprendermos* a ignorar (a não ver mais) o que é incômodo ou perturbador.

Dentro desse tema, um curioso problema de ética e sociabilidade: aquilo que é *visível* (no paciente) pode ser tomado como segredo profissional? Muitas vezes, quando descrevemos para o paciente uma das suas expressões – digamos, um rancor desconfiado –, ele se sente subitamente exposto, como se estivesse nu.

A INCONSCIÊNCIA COLETIVA   151

Se eu falar desse paciente com outra pessoa e lhe disser sobre o rancor desconfiado do outro, *que é visível*, estarei quebrando o segredo profissional ou não?

Diga-se de passagem, ampliando o tema da Fofoca: ela se alimenta em grande parte das expressões não verbais das pessoas. É a cara maliciosa, é o jeito invejoso, é a voz ressentida que *dão fundamento ao princípio geral da Fofoca:* todos nós escondemos o pior de nós mesmos, e esse pior é o que a fofoca descobre – *percebe* – e reafirma. O que *eu fiz* o fofoqueiro não sabe, mas *meu jeito* ele vê – e constrói em cima disso (juntando o dele).

Logo veremos que escondemos pouco de nossas atitudes e inclinações básicas; o curioso – história do reizinho vaidoso – é que todos dizem que é possível esconder sentimentos, desejos e temores quando todos sabem, ao mesmo tempo, que a maior parte dos maus sentimentos de cada um *aparece* com muita facilidade. Só se fala deles nas horas de briga, mas aí a convenção coletiva (o preconceito) nos leva a dizer: *Ah! Mas naquela hora ele estava nervoso* (e *portanto* não sabia o que dizia...). Na verdade, naquela hora ele disse tudo que tinha para dizer e antes engolia.

Com ingenuidade próxima da debilidade mental, muitos acreditam piamente que escondem as próprias coisas e, ao mesmo tempo, que percebem muito bem toda a astúcia e a esperteza do outro!

É POSSÍVEL DISFARÇAR A FRUSTRAÇÃO?

No *Espelho mágico*, defendi a tese de que *corpo e alma* são conceitos profundamente ligados a Preconceitos/Repressões Coletivas predominantemente visuais: *negação* da visão.

Na maior parte das sociedades que existiram até o presente, a ordem do grupo é mantida com um coeficiente considerável de repressões individuais. Como sabemos, na sua fase aguda é impossível

152 J. A. GAIARSA

disfarçar a repressão. Quando alguém é frustrado, impedido de fazer o que deseja, o que gosta ou o que precisa, manifesta sua dificulda-de e sua contrariedade de modo evidente. É preciso um controle muscular de jogador de pôquer profissional para não se trair nessas circunstâncias. Mas, quando a repressão se faz crônica, o caso muda muito de figura; não é nada claro aquilo que a pessoa cronicamente frustrada e/ou reprimida manifesta como sinal ou como sintoma de sua repressão. Este livro cuida principalmente dessa questão, mas por enquanto diremos apenas que a pessoa cronicamente reprimida certamente mostrará, na sua aparência, alguma coisa de desencanto, protesto, tristeza ou resignação.

SERÁ QUE A FRUSTRAÇÃO (CÓSMICA) PODE SER DISFARÇADA?

Os sociólogos, como os juristas, costumam dizer que a Feli-cidade é um objetivo por demais variado e subjetivo para que a sociedade possa cuidar dela (assim, coletivamente). Não vou dis-cutir se o Estado pode ou não fazer as pessoas felizes, mas sei bem, demais, que aqui, nas cidades grandes brasileiras (São Paulo) e, se-gundo parece, na maior parte do mundo, é ruim ver o jeito e a face das pessoas quando não estão dialogando com outras (no ônibus, na rua): desencantadas, resignadas, ressentidas, amarguradas, descrentes, enfadadas, medrosas, desconfiadas... Tudo isso é muito subjetivo, concordo. É só subjetivo. Mas a soma de todas essas caras me dá muito medo; a visão desses personagens (são maioria) convence--me muito profundamente de que vivemos em um mundo mau, duro, frio, perseguidor e opressivo.

Se nós não negássemos o que vemos nas pessoas e o que sentimos diante delas, se nos detivéssemos sobre o que elas estão *mostrando o tempo todo*, na certa nos animaríamos a uma luta mais decidida para mu-dar o mundo. Por isso dissemos que os conceitos de corpo e alma

A INCONSCIÊNCIA COLETIVA 153

têm origem preconceituosa: eles são necessários para que se mantenham os costumes estabelecidos. Se não tivéssemos desaprendido a *ver* na cara das pessoas as repressões, agudas ou crônicas, pessoais e coletivas, na certa brigaríamos mais decididamente contra essas forças opressivas.

Aprendendo a *não ver* – a negar – a desgraça própria e a alheia, ficamos desarmados ante o que nos prejudica. Por que me opor ou brigar se *me dizem Tudo bem?* Caras feias das pessoas? Mas que política esquisita essa, que leva em conta as caras... *Se fosse levada em conta a expressão não verbal das pessoas*, nove entre dez das imposturas e hipocrisias sociais desapareceriam.

O OLHAR E O PODER

Há mais raízes dando força a esse preconceito. Os poderosos, grandes ou pequenos, na família ou no plano internacional, com frequência tentam se fazer passar por semideuses, como era a tradição nos grandes impérios, exemplarmente Egito e China. No Egito, olhar para o Faraó era crime punível imediatamente com a morte.

A razão *secreta* é óbvia e escandalosa, como no caso de Freud: se o povo pudesse olhar tranquilamente para o Faraó, acabaria percebendo que ele era uma pessoa igual às demais, na aparência, na fala, nas doenças e nas emoções.

De outra parte, que não se tome o *não olhar* como se fosse uma proibição inventada pelo Faraó; vimos que esse jogo de olhares é importante em todos os primatas que vivem em bandos. Sob o preconceito, portanto, temos o comportamento biológico da espécie, mais a astúcia simiesca dos poderosos. Como sempre, a fórmula verbal do preconceito faz que ele pareça meio tolo, muito irracional e bastante ridículo; mas o importante do preconceito não é sua formulação verbal, e sim *a força dos hábitos* biológicos, sociais e pessoais que geram e mantêm esses automatismos coletivos em

154 J. A. GAIARSA

função. Não raro, quando falamos dos preconceitos dos outros e do quanto eles são descabidos, estamos na posição de alguém que pensa consertar uma pane de automóvel *no momento* em que *declara* a natureza do defeito!

Essa negação coletiva (e psicótica, de louco) se mostra, numa de suas piores formas, no caso da escravidão. Nada é mais *semelhante* a um escravo do que um homem livre: para justificar, depois, as *diferenças* sociais absurdas entre eles, só fazendo como os nazistas e a tese do ariano puro. E quem discorda é torturado – pela Gestapo, pela família, pelos amigos, por si próprio...

A imbecilidade teórica coletiva é compreendida quando percebemos que entre as fórmulas intelectuais e o comportamento as diferenças são muitas – e básicas. Mais que pré-*conceitos*, lidamos o tempo todo com pré-*posições* (corporais).

Voltemos a dois pontos anteriores: *quem vê cara vê coração*, e o que nós mostramos (como na sala de espera do cinema) quando presumivelmente não pretendemos mostrar nada.

Aliás, pergunta difícil: falando de gente, é possível em algum momento estar mostrando *nada*? Podemos ser totalmente inexpressivos, isto é, podemos assumir uma forma que

1 – não quer dizer nada – nem para o outro, nem para mim mesmo, nem para os demais (coletivo)?

2 – que não pretende, que não busca, que não se volta para nada?

3 – que não desperta nem provoca resposta em ninguém?

Freud tinha em mãos um excelente ponto de partida para discutir essa questão:

"O ego controla a motricidade".

Não interessou a Freud continuar esse caminho, que o levaria diretamente para a *observação* do paciente (não para a audição). Por isso, segundo seus textos, o processo de Identificação não foi examinado em

A INCONSCIÊNCIA COLETIVA 155

seus aspectos motores nem visuais. Ora, a Identificação é um processo de aprendizado motor segundo modelos visuais: *faço parecido* com o que vejo – querendo ou sem querer, sabendo ou sem saber.

Mas o principal está aqui: a pessoa *percebe* – ou não? – que está se comportando *como se fosse outro?*

Uma identificação pode, com toda propriedade, ser chamada de impostura, é uma impostação corporal, por efeito da qual uma pessoa passa por outra – de novo: sabendo ou sem saber.

Aceita essa definição descritiva, e recordando que o processo de Identificação é múltiplo e não único (identificamo-nos com várias pessoas e não com uma só), podemos concluir:

Estamos vestidos de nossas identificações: o que mostramos constantemente aos outros são os outros em nós – os outros que estão sendo e fazendo minhas posições e movimentos. Minhas identificações são inconscientes para mim

porque

não vejo meu corpo – e o que ele mostra!

Com o tempo – e persistência! – consigo também não senti-lo. Aí me faço cidadão perfeito.

Essa declaração, que me parece simples e evidente, pode comprometer definitivamente a Topologia Freudiana (a *estrutura* ou a *forma* da personalidade e de suas funções).

A forma do inconsciente e seus mecanismos são o corpo, seus movimentos e posições.

Para Freud, o inconsciente está ou é o mais profundo, o mais central, o mais *escondido*: o *mais difícil de perceber/mostrar*. Em nosso esquema:

o inconsciente está por fora – é visível,

é o mais fácil de perceber e demonstrar,

é o que está logo aí   *– na cara;*

– no jeito;

– na voz.

156   J. A. GAIARSA

O que resta explicar é nossa marcada incompetência em ler o outro, em ver/perceber tudo que ele mostra (e o que eu mostro).

Por isso dedicamos este capítulo inteiro à análise da participação do olhar nas relações humanas e apontamos vários dos mecanismos sociais de repressão coletiva da visão.

Vamos acrescentar mais algumas consequências da nossa colocação do problema de Identificação.

Entre minha intenção e minha mensagem (verbal) *estão*
- *meu rosto;*
- *minha voz;*
- *minha figura;*
- *minhas palavras* – *que eu conheço pouco e*

controlo mal.

Se nossas Identificações residem – *como não poderia deixar de ser* – *no aparelho motor, facilmente compreendemos como elas nos perturbam.* Não percebendo nosso modo de *agir/exprimir*, não compreendemos as *consequências* do que fazemos.

O outro responde a nossos *sinais* (palavras mais expressão) e não *diretamente* à nossa intenção falada. Nossas intenções, ao se realizarem, ao serem codificadas e emitidas pelo nosso aparelho de movimento (que é nosso sinalizador), sofrem deformações em relação ao que pretendíamos, e a resposta do outro se faz incompreensível para nós, que nos sentimos perplexos e desamparados. Nem conseguimos o que pretendíamos *nem sabemos* como fizemos para perder ou afastar o que desejávamos.

Consideremos um pai que dê a seu filho uma quantia em dinheiro, *insinuando no gesto* a intenção de dar esmolas, ou a de dar o dinheiro como se joga uma coisa na lata do lixo: o filho dará uma resposta não boa, ao mesmo tempo lógica e incompreensível, ao pai, que *não percebeu* (provavelmente se negou a perceber, *não quis* perceber) o componente expressivo do gesto. A imagem coletiva

A INCONSCIÊNCIA COLETIVA 157

(o preconceito) de pai diz que pai não despreza (não dá esmola ao filho nem o considera uma lata de lixo). No caso, a atitude preconceitual de Pai funciona como elemento da Couraça Muscular do Caráter.

É grande o número de pessoas que, na iminência e nas circunstâncias de troca afetiva, manifestam sua vontade de receber atenção ou carícias *mostrando* indiferença (ostensiva!). Como as mães *não devem* ter raiva clara e direta dos filhos, a maioria delas diz que não sente raiva, mas a toda hora a voz sai áspera e o olhar – se ela visse! – é terrível; a mão que aponta, ameaça, e o corpo que se contém parecem os do cocheiro que retém cavalos prontos a disparar: a criança *vê* essa retenção – e se assusta.

IMITAÇÃO (IDENTIFICAÇÃO) – COMO NOS PROTEGE, COMO NOS RESTRINGE

De que modo as Identificações, ao mesmo tempo que nos servem, nos prejudicam; de que modo nos sustentam (dão força) e nos amarram? Se tivermos noção da forma e das funções do nosso aparelho motor, se recordarmos que um *complexo* (e/ou uma Couraça Muscular do Caráter) é também um conjunto de *automatismos* motores de manutenção da posição e repetição dos gestos, veremos que a frase acima se faz imediatamente clara. Se estou identificado com minha mãe (mais exato: se em certo momento se ativa em mim minha Identificação com minha mãe), comporto-me como se eu fosse ela; ela *me possui* como um espírito ou demônio. Ela *é minha vontade* – ela me faz agir assim. Enquanto identificado com ela, farei apenas o que ela faria, e não farei o que ela não faria. *Minha* responsabilidade, nessa circunstância, é dela, principal vantagem negativa, mas valiosa, desse processo alienante (o eu está alienado na vigência da identificação). Se sou ela, atuo sem responsabilidade; gozo da propriedade de agir sem dúvidas, sempre

158 J. A. Gaiarsa

penosas, que são agitações de ideias, sentimentos e oscilações do corpo. Sem hesitação, sem aquela espécie de vertigem que resulta da oscilação das... inclinações.

Note-se o sentido fortemente corporal do termo "inclinação". Quando a criança *quer* uma coisa, ela se *inclina* fortemente na direção do objeto desejado, podendo até cair. O adulto não balança tanto, mas, se registrássemos com cuidado a distribuição de pressão das plantas dos pés sobre o chão, creio que registraríamos esses balanços no adulto também!

A Identificação, portanto, faz por mim (faz na minha vez e no meu lugar) tudo que há para ser feito na situação em que a Identificação se ativou. Algumas das minhas Identificações – presumivelmente as mais precoces – ocupam no meu aparelho locomotor posição muito axial (muito junto da coluna vertebral) ou muito *profunda*. Há razões de sobra para crer que essas Identificações precoces exercem influência poderosa na formação das *posturas e atitudes que se instalarão subsequentemente "sobre" elas.* Nesse sentido, nossas *velhas* identificações familiares *de fato* nos sustentam (de pé) e carregam nossos setenta quilos de matéria viva.

Analisar Identificações amplas (ou axiais) é processo que compromete o equilíbrio físico do corpo no espaço, enquanto tende a modificar as posturas usuais da pessoa.

Ainda sob essa luz, podemos dizer que um grupo fundamental de resistências a mudanças (que são sempre psicossomáticas e psicomotoras) pode ser denominado *temor de queda*. É o que sentimos quando escorregamos ou quando somos empurrados.

Podemos definir, ainda, a Couraça Muscular do Caráter como:

1 – uma integração (motora) de nossas Identificações;

2 – um conjunto e uma sequência complexa de posições e movimentos corporais (atitudes e gestos), sempre os mesmos, estereotipados e frequentes;

3 – um conjunto de facilitações neuromotoras que predispõem a pessoa a dar sempre uns poucos tipos de resposta a um número muito grande de situações diferentes.

O ÍNTIMO (VÍSCERAS) E O EXTERIOR (MOTRICIDADE)

De mais um modo nossas Identificações nos protegem. Recordando a distribuição da musculatura do corpo, vemos que ela reveste ou envolve completamente o tronco. No *interior* deste estão as vísceras, as quais, dentro das analogias psicossomáticas, representam ou *são* o próprio *íntimo*. Estão no centro e protegidas pela periferia osteomuscular. Note-se que a proteção muscular possui consistência variável, podendo o músculo enrijecer-se muito. Quando os músculos, digamos, abdominais se contraem fortemente para proteger o ventre de um golpe, muito bem. Claro que nesse caso não estamos falando de Identificações. Mas, se esses músculos, como acontece muitas vezes, se mostram *persistentemente contraídos sem que haja ameaça exterior visível*, então sua função se inverte: eles passam a perturbar toda a mecânica do corpo, principalmente a mecânica respiratória, porque respirar é expandir o corpo e a contração – com o tronco difusa ou localizadamente contraído – opõe-se à expansão. Quando várias identificações amplas são ativadas simultaneamente, o indivíduo pode sofrer uma crise de angústia, isto é, suas possibilidades respiratórias se reduzem a ponto de causar-lhe pânico. A *opressão* é máxima. A *proteção* das Identificações se transforma em ameaça vital. As possibilidades de movimentação (liberdade de movimentos) também ficam muito reduzidas; cremos que a consciência (proprioceptiva) dessa

160   J. A. Gaiarsa

restrição tem muito que ver com a sensação/sentimento de desamparo, de *não posso, não sei* ou *não consigo* fazer nada por mim (existe também um desamparo relaxado, resignado, que não é o de que falamos). Enfim, a maneira usual ou mais frequente pela qual a Identificação prejudica a pessoa é sua influência constante sobre os movimentos, muitíssimo semelhante às de um traje *justo* (na verdade, ele está *embaixo* da pele), feito em medidas que não são as nossas... Nossos gestos, como no caso do pai que dá dinheiro, saem falsificados, porque a função motora primária, que é a manipulação de objetos (depois da colocação e orientação do corpo no espaço), fica contaminada por outras atitudes do indivíduo, ligadas às suas Identificações.

Recordemos que nossa motricidade é muito poderosa, tão poderosa que nas convulsões epileptoides produzidas pelo eletrochoque às vezes ocorrem fraturas ósseas – pela força das contrações musculares. Nas convulsões produzidas pelo tétano ou pela estricnina, o indivíduo é jogado para lá e para cá pela violência das próprias contrações musculares, como se fosse um boneco leve. Nos momentos em que se intensificam uma ou mais Identificações, a pessoa sente claramente o quanto é oprimida, esmagada pelo seu estado, o quanto é levada, empurrada, jogada por suas forças ditas *interiores*. Mesmo que essas forças *interiores* não sejam apenas musculares, elas necessariamente passam pelos músculos, podendo aí ser trabalhadas; sem esquecer, antes disso, que é aí que elas podem ser *vistas e estudadas, nas posições e movimentos que produzem ou modificam.*

O LEVAR-SE E O DEIXAR-SE LEVAR

Insistimos em outro ponto também: o ser levado, isto é, *Eu fiz sem querer, nem percebi o que estava acontecendo, quando percebi já tinha acontecido...*

A INCONSCIÊNCIA COLETIVA   161

Todas essas frases são familiares e *significam o que estão dizendo:* em momentos de certa tensão – de qualquer tonalidade emocional –, a rapidez de nossos reflexos visomotores e a rapidez de funcionamento de nossos automatismos (Identificações) verdadeiramente *nos levam a agir antes de podermos pensar, contra nossa vontade,* ou, como prefiro dizer, bem antes de *percebermos bem a situação* (de percebê-la *toda,* como diz Chardin). Percebemos *só o que nos interessa* e repetimos por toda a eternidade o mesmo comportamento inoperante.

AS RAÍZES PESSOAIS DE UMA TÉCNICA

Stekel, Reich e Jung – os três – declaram que, em conversas pessoais, Freud falava de seu desconforto ao se ver face a face com o paciente. Seus biógrafos apontam também seu autoritarismo; foi por esse traço de caráter que Jung se afastou dele.

Se estamos face a face, o paciente se constrangerá muitas vezes, é claro. Mas *eu também* (terapeuta) *posso me constranger* ou *ficar sem jeito.* Posso sofrer sua vigilância, seu apelo (visual), sua denúncia, sua crítica.

Freud não gostava
de ser contestado,
muito menos
de comunicar sua intimidade.
(Não gostava? Não queria? Não conseguia? Quem sabe?)

Assim nascia o divã famoso que logo encontrou *funções objetivas.* Deitados, relaxamos; como o outro *não está olhando,* ficamos mais à vontade. Isso é verdade, mas não sei se ajuda – principalmente se usado como Técnica Exclusiva (*sempre* deitado e *sempre* sem ser visto).

(Não é assim que gente vive!)

162 J. A. GAIARSA

Reflexão final (sobre o olhar):
Leitor, considere.
O que quer dizer *inconsciente* para você, assim, sem pensar muito?
– Que se percebe mal?
– Obscuro?
– Escondido?
Inconsciente, após pequena reflexão sobre Psicanálise, talvez signifique *invisível*. Toda a terminologia/teoria analítica envolve – ou exige – essa conotação.
Diz a Psicanálise (diz Freud):
O *Inconsciente* só pode ser *mostrado* ou *descoberto* pela técnica psicanalítica, que o *revela* (que o torna consciente – pela fala!). Mas a invisibilidade do Inconsciente aconteceu porque Freud escolheu

não olhar
para seu irmão;
preferiu ouvi-lo – *apenas*.

Para ele, o inconsciente do paciente era *invisível*. Para sua teoria, também. Para Freud, o *inconsciente* está na fala, somente.
Mas isso não é verdade: o paciente *não é* invisível. Creio que é hora de iniciar uma Psicologia do que *se vê* nas pessoas.

Psicologia de pessoas que
se veem
e se *reconhecem* como muito *semelhantes*.

PREFÁCIO A TATIANA E O CEREBELO

Reich disse – e só ele dentre os teóricos da Psicoterapia do Ocidente do século XX: "Só há dois temores (medos, ansiedades, angústias): – o medo de queda (de cair) – e o medo de ficar asfixiado". Só Reich percebeu que nós tínhamos um corpo, que esse corpo parava de pé precariamente (podia cair com facilidade) e que a ansiedade acontece quando falta oxigênio ao cérebro, porque a pessoa está contendo a respiração (sem perceber). Ao reprimir a manifestação de qualquer desejo ou emoção, a pessoa reduz a respiração, e por isso fica ansiosa – asfixiada.

Nenhuma outra teoria psicoterápica parece ter percebido que a marca do Homem é a posição ereta, que o fato de nos termos tornado bípedes liberou nossas mãos que, não tendo mais que suportar o peso do corpo (como nos quadrúpedes), começaram a fazer coisas estranhas – que são a Tecnologia.

Não parecem ter percebido que manter nosso corpo de pé ocupa boa parte de nossos neurônios porque, dada a nossa forma (altos,

164   J. A. Gaiarsa

com base pequena e muito móveis), podemos cair a qualquer hora, para qualquer lado e de mil maneiras diferentes.

Freud passou em branco pela questão, pois seus pacientes – deitados no divã – não podiam cair...

No caso seguinte examinaremos com vagar o que acontecia com Tatiana, que tinha tudo que ver com a conquista – difícil – do equilíbrio do corpo no espaço, da conquista da posição ereta.

Para Freud o caso tinha que ver apenas com a dificuldade de controlar a evacuação ("Fase anal"); ele nada suspeitou do que vou dizer.

Veremos que nessa tarefa Tatiana está lidando também – sem saber! – com o difícil problema dos contrários (do *Yin* e do *Yang*), da Dialética.

Quem diria: esses problemas estratosféricos não teriam o menor sentido para nós se não parássemos de pé...

TATIANA, O CEREBELO E O SUPEREGO[1]

Há anos vimos desenvolvendo a Fenomenologia da Propriocepção e da Motricidade. Desse modo, pode-se obter uma noção de Ego bastante satisfatória, demonstrável e operacional, isto é, útil em terapia e profilaxia. Os primeiros impulsos nessa direção vieram de W. Reich. Este capítulo faz parte desses estudos.

Por meio de um caso clínico típico (Idade do Não), vamos propondo uma ampliação do conceito de Fase Anal (Freud), mostrando que nessa época (2 anos) ocorrem a maturação do cerebelo e a organização de todas as contraposições que garantem o equilíbrio do corpo no espaço. Depois generalizamos a explicação, nela incluindo os conceitos de contracarga, duplo, conflito, origem do Eu, Dialética dos contrários — ou dialética, simplesmente.

Tatiana tem 1 ano e 10 meses, é gorduchinha, habitualmente tranquila e já compreende a maior parte do que se lhe diz.

---

[1] Trabalho publicado na Revista *Psicologia Clínica e Psicoterapia*, n. 2, 1978.

Suzana (a mãe) goza de boa situação de vida e pode pagar a babá que acompanha a criança. Mas se interessa bastante por Tatiana, não só por ser sua primeira filha, como também porque ela veio trazer alguma coisa de novo e de importante para a sua vida, algo como um interesse vital pelo desenvolvimento. O desenvolvimento de Tatiana é *também* o de Suzana (e Suzana sabe disso).

Certo dia Suzana chegou e disse:

"Gaiarsa, agora eu não estou entendendo o que acontece. Tatiana está incoerente, confusa. Ela não sabe o que quer e teima, teima, teima. Ela faz tudo ao contrário. Se *digo* 'Vamos tomar banho', ela não vai. Mas, se a tomo no colo *sem dizer nada* e a levo para o banheiro, ela toma banho sem maiores complicações. Você sabe que ela gosta de ir à escola, mas se eu *digo* para ela 'Vamos para a escola' ela empaca e não há jeito de tirá-la do lugar. Mas, se, sem dizer nada, a gente a põe no ônibus, ela pouco se rebela e aceita. Na porta da escola, porém, faz outra cena, até que se consiga pô-la lá dentro, e então ela brinca como sempre. Ela está tão *do contra* que chega a ser contra si mesma. Às vezes ela diz 'Quero fazer xixi' e, quando a gente a leva até o peniquinho, ela senta, não faz nada e vai embora. Ela está tão do contra que ontem chegaram em casa dois coleguinhas com sorvete na mão; eles trouxeram um sorvete a mais para ela. Quando lhe deram o sorvete e lhe disseram 'Você quer sorvete?', ela o pegou e jogou fora! Tem mais. Na mesa, quando está comendo, joga pratos, talheres e copos longe de sua cadeirinha. Ela já fez isso outras vezes em outros tempos, mas aí ela apenas deixava cair, ou jogava para ver como era. Agora ela joga com muita força – parece que está realmente com raiva e com vontade de quebrar as coisas. De manhã, quando acorda, é melhor nem chegar perto, porque ela quase morde. Qualquer coisa que a gente faça, diga, proponha, ela grita contra e não quer saber de nada. Depois vai melhorando. Mais à tarde, quando acorda de sua soneca da tardinha, está uma peste outra vez. O último período é

A INCONSCIÊNCIA COLETIVA   **167**

antes de dormir. Aí a gente não sabe o que fazer para que ela faça alguma coisa."

(Suzana geralmente sabe o que fazer e sabe levar a filha com jeito, sem chantagem nem violência.)

Suzana continuou:

"Que será que está acontecendo, Gaiarsa? Domingo passado fomos ao sítio de uma pessoa amiga e lá Tatiana viu uma porção de bichinhos, coelhos, porcos, galinhas, e viu também uma vaca amamentando um bezerrinho. Aparentemente, divertiu-se com tudo aquilo e não mostrou medo de nada, nem mesmo excitação. Estava apenas interessada. Uma hora, paramos no campo e ela pôs o pé em cima de um formigueiro e as formigas morderam o seu pezinho, que até agora está um pouco inchado e coça. Será que foi isso que deu tanto efeito?"

Basta ver Suzana falar para não acreditar muito que o episódio seja o responsável por tanta confusão na mente de Tatiana.

Suzana está grávida de oito meses, é uma mulher de estatura um pouco maior que a normal e o volume de sua barriga é bem aparente. Suzana já falou de sua gravidez – é a segunda – para Tatiana faz mais ou menos um mês e meio, ocasião em que a barriga já aparecia bastante. Tatiana não deu grande atenção ao fato, nem no momento *nem depois.* O que mais impressionou Tatiana foi o quarto e o berço do futuro bebê, que já estão prontos e esperando por ele. Vez por outra Tatiana chega ao quarto, dá uma olhada e mostra certa perplexidade diante do vazio bem configurado mas sem sentido – já que o personagem principal não está ali.

Pouco depois de ter comunicado Tatiana de que na sua barriga havia outro nenê, Suzana mudou o modo de dar banho na filha, porque se inclinar sobre a banheira era muito incômodo para ela. Então Suzana passou a tomar banho junto com Tatiana – as duas

168 J. A. GAIARSA

despidas, é claro. De novo Tatiana não estranhou a barriga da mãe, mas estranhou bastante e se divertiu com o aumento da pigmentação dos seus mamilos. Durante dois ou três dias, ela fez uma festa de observação dos mamilos próprios e alheios. Há poucos dias, a menina inventou um brinquedo mais ou menos divertido para ela, mas não muito divertido para Suzana: quando estão ambas deitadas lado a lado, na cama, Tatiana gosta de deitar-se de barriga sobre a barriga da mãe e *gosta de balançar pra lá e pra cá*. Mas o movimento, como se imagina, é bastante incômodo, e Suzana não pode permitir que seja assim. Então ela faz a filha rolar para o lado e acaba o brinquedo.

Durante esses períodos ruins do dia, Tatiana, com certa frequência e de modo inexplicável, começa a dizer *Não quero saber da vaca nem do bezerro.* Essa frase, inventada pela menina, foi repetida muitas vezes durante a semana descrita.

Tatiana, meio gorduchinha, é uma criança que anda um pouco devagar, não gosta de coisas que se movimentam muito depressa e diante de qualquer oscilação brusca procura, antes de mais nada, conservar o equilíbrio. *Mas, nos últimos dias, passou a ficar em pé no balanço* – quando antes o usava sentada. (O balanço é daquele tipo feito de dois assentos opostos, sobre uma plataforma, que fica pendurada a um suporte em forma de trapézio.)

Tatiana começou a andar por volta de 1 ano, com um ligeiro atraso, certamente devido à sua gordurinha. Enfim, ela já controla amplamente bem o xixi, mas nem sempre controla muito bem a evacuação. Suzana insiste muito com a babá para que não faça pressão alguma sobre a menina, e pode-se ter certeza de que Tatiana nunca foi sujeita a maus-tratos nessa área. Mas não se pode excluir de todo uma ligeira pressão da babá, que é quem cuida da limpeza da menina.

Esses são os fatos propostos. O primeiro diagnóstico é o da famosa Idade do Não, da teimosia infantil, que se inicia por volta dos 2 anos de idade. Segundo a maior parte dos estudiosos, é nessa

A INCONSCIÊNCIA COLETIVA **169**

época que vai se formando na criança certa noção de si, de "eu". É nessa época que as crianças começam a esboçar os primeiros *por quê?* É nesse período que a criança começa a *teimar*, por vezes obstinadamente, contra tudo e contra todos, no primeiro esforço bem aparente de *afirmação de si mesma*. Do ponto de vista psicológico, pode-se dizer que é o primeiro momento nítido de formação de um querer pessoal, de uma vontade própria.

Recordemos inicialmente tudo que Freud disse a respeito da Fase Anal, cujo apogeu ocorre também em torno dos 2 anos. É em torno dessa idade que o sistema nervoso amadurece o suficiente para permitir que a criança controle voluntariamente o esfíncter externo do ânus, sendo capaz de conter a evacuação, ou o relaxe quando os adultos consideram conveniente. É plausível imaginar que nessa época *o esforço de conter-se*, ainda imaturo, domine consideravelmente a vida mental da criança. Segundo o modelo desse esforço, surgiriam algumas funções do ego, especificamente *a capacidade de agir contra si*. Ao sentir o prelúdio intestinal de evacuação, a criança tem de "segurar a si mesma", tem de "lutar contra si", a fim de satisfazer as exigências dos adultos. Os músculos voluntários do períneo (esfíncter externo do ânus, glúteos, elevador do ânus) se contraem "contra" o esforço visceral do intestino grosso, que espreme o bolo fecal para fora. Esse esforço intencional vai modelando uma ação interna, uma vontade consciente, deliberada ou social, que trabalha *contra* a movimentação espontânea do intestino. Diz Freud que algumas estruturas pré-conscientes do eu, essencialmente inibidoras, amadurecem nesse período em função do ou em analogia com o controle do esfíncter anal.

É inegável, seguindo a descrição de Freud, que nessa época a criança começa a se colocar contra si mesma. Dir-se-ia que ela não sabe o que quer porque está aprendendo a querer e a não querer ao mesmo tempo; dir-se-ia que ela fica perplexa, confusa e incoerente porque *se sente impulsionada e se retém* num movimento só.

170 J. A. Gaiarsa

A explicação de Freud parece boa, mas creio que se podem acrescentar a ela elementos muito mais amplos, tão universais quanto o controle esfincteriano, porém muito mais fortes, em sentido próprio – mais fortes porque envolvem *quase* toda a musculatura do corpo.

Mas, antes de entrarmos na minha hipótese, avancemos um pouco mais na linha de rivalidade infantil.

É transparente a ligação bezerro-vaca, de um lado, e a mamãe grávida, de outro. A criança estaria sentindo antecipadamente a presença do irmão como ameaça à sua posição e sentindo raiva/medo com relação ao futuro rival. Aceito essas explicações com pouca convicção. A reação da menina quanto à gravidez foi de indiferença. Além disso, ela soube da existência do irmão e assistiu à montagem do quarto mais ou menos *um mês e meio antes* do período de perplexidade. Mas não se pode negar alguma influência desses fatos na confusão de Tatiana.

Minha hipótese – que de hipótese tem muito pouco – é profundamente biomecânica e neurofisiológica.

Minha convicção é de que Tatiana está começando a amadurecer as contraposições necessárias ao equilíbrio do corpo. Vou me estender bastante sobre essa questão. Ela é tão óbvia que ninguém a percebe – como os móveis da casa. Parar de pé e mexer-se é tão "natural", tão fácil e banal, que ninguém percebe nem sabe quanto custa. A questão, além disso, tem considerável importância psicológica para a criança e para o adulto. Acima de tudo, ela abre possibilidades de soluções simples para problemas muito importantes e complexos.

O nosso ponto de partida é este: se, de pé, eu tomar pela mão uma criança *de 1 ano e meio* e a puxar na minha direção, caso não queira vir comigo, ela resistirá – claro. Se eu a puxar um pouco mais, ela resistirá um pouco mais e, aí, se eu a soltar de repente, ela cairá. *Cairá fatalmente.* Ela não tem nenhuma *prevenção* que a impeça de cair. Já uma criança *de 3 anos* tem boa probabilidade de, ao ser largada bruscamente, permanecer de pé – balançando um pouco! A criança aos 3 anos já tem bem esboçada a contraposição de equilíbrio, mas só fica firme mesmo por volta dos 5 anos. *Tatiana está no processo de formação dessas contraposições.*

É de supor, pelo tanto que sabemos hoje sobre o cerebelo, que o principal desse processo ocorre nele. Ele é um dos principais modeladores do equilíbrio e dele depende a *previsão* motora, justamente a que nos "segura" quando estamos em iminência de queda. As pessoas mostram uma dificuldade enorme em compreender que a organização do nosso movimento é complicada e que aprender a se mexer envolve o funcionamento de um aparelho neuromecânico, *que é o mais complexo do universo conhecido.*

Dois terços do cérebro e todo o cerebelo são usados para que a gente possa se mexer. Será possível que tanta substância nervosa não tenha nenhum reflexo psicológico?

A maioria dos adultos, quando empurra um móvel pesado e este escorrega, *quase sempre consegue fazer força em tempo – na direção contrária – e não cai.* Se a resistência cessa bruscamente, sempre temos alguma espécie de defesa que impede a queda, que a torna menos brusca ou menos violenta. Temos aqui uma função especial de previsão do cerebelo, que não apenas antecipa uma possibilidade (a de queda) como de algum modo pré-tensiona os músculos correspondentes.

Como nossas possibilidades de queda são inúmeras, como nós podemos ser puxados ou empurrados em todas as direções possíveis e imagináveis, *temos de construir um sistema colossal de pré-tensões preparatórias* que evitem a queda. Um aprendizado dessa ordem, *pelo número de possibilidades que envolve, consome muitos anos para se estabelecer.*

O grosso, porém, aquilo que se refere às posições mais usuais e às quedas mais frequentes, talvez se construa ao longo do segundo ao quarto ano.

172   J. A. GAIARSA

Argumento adicional importante: cada conjunto de pré-tensões é muito complicado, envolvendo o trabalho de inúmeras unidades motoras, complexamente coordenadas, tanto estática quanto dinamicamente. Organizar esses conjuntos não é, na certa, tarefa simples – nem rápida.

Prolonga mais esse aprendizado o seguinte: só podemos aprender essas coisas *nos momentos de queda*, e é evidente que *evitamos ao máximo* esses momentos – e assim atrasamos o aprendizado.

Começamos a criar esse sistema desde o momento em que ficamos de pé. Mas é claro também que a criança de 1 ano, como primeira defesa contra a queda, desenvolve a capacidade de cair maciamente – relaxada. Além disso, sua pequena altura (altura do centro de gravidade, 30 centímetros) faz que a queda também seja pequena, inofensiva.

Mas é preciso assinalar que qualquer tombo provoca um susto. *É bem sabido que um dos pouquíssimos temores genuinamente instintivos do homem é aquele de perder o apoio bruscamente.* O recém-nascido se contrai inteiro (reação de sobressalto) se o fizermos experimentar uns poucos centímetros de queda livre.

O temor de queda não se dissipa nunca em pessoa nenhuma. Qualquer um de nós, a qualquer momento, quando perde o pé, leva um susto.

Só *não* sentimos o susto *quando aprendemos a nos jogar* – ou a cair de *propósito.* Mas então nós não *fomos* desequilibrados inesperadamente.

Sempre que o tapete escorrega, sempre que a lama faz o pé derrapar, sempre que o caminho ruim faz o automóvel derrapar, nós nos assustamos, mesmo quando somos judocas. O temor de queda – a queda de surpresa – não pode ser inibido e se manifesta sempre como susto (afeto) e sobressalto (hipertonia difusa intensa). Por isso acredito que esse susto é o estímulo aversivo que aos poucos vai edificando as tensões musculares que *não* nos deixam cair.

Os dois elementos mais nítidos da história de Tatiana, concordantes com minha hipótese, são o brinquedo de balançar sobre a barriga

A INCONSCIÊNCIA COLETIVA   173

e o fato de ter começado a se balançar de pé no seu balanço – velho conhecido. Ainda (não constou do relato original), o gosto em balançar-se e *jogar-se no chão* a partir da sela da vaquinha de montar (brinquedo, como cavalinho que balança, mas com figura de vaca).

Aceita essa descrição do óbvio em relação a nosso aprendizado motor, podemos muito bem dizer que a criação das contraposições é realmente o início da formação *do outro* dentro de nós, do outro que sempre *se opõe* ao que pretendemos, do outro que é sempre *contra* aquilo que nós queremos, do outro que puxa sempre *em sentido contrário* ao da intenção consciente.

É por volta dos 2 anos que começa a formação do outro, não só, nem principalmente, em torno do esforço de contenção fecal, mas, sim, e acima de tudo, *porque nessa época começa a adquirir configuração suficientemente clara o conjunto de tensões que impedem a queda.* Nessa época é que *se forma* em nós o Anjo da Guarda, aquele que não nos deixa... cair... em tentação. Creio que o anjo da guarda é uma imagem onírico-mitológica criada para representar esse fato. Na figura tradicional, o Anjo da Guarda aparece com um menino e uma menina, pequenos, que estão prestes a atravessar uma ponte estreita sobre um abismo... Perigo de Queda – expressão cheia de insinuações pecaminosas que nos fariam perder a *dignidade* humana (ortostática) e retornar a nossas condições animais (de quatro, em que é difícil cair). Enfim, em nenhuma outra função as *asas* do anjo parecem tão oportunas...

É claro que essas contratensões são "nossas amigas", pois não nos deixam cair. Mas também é muito evidente que elas *nos contêm, impedem-nos* de fazer, *amarram-nos* ou nos inibem.

Quando a criança, por volta dos 2 anos, já está razoavelmente firme sobre as próprias pernas, já consegue correr com boa velocidade e fazer curvas com certa rapidez, os tombos começam a se fazer mais

174   J. A. GAIARSA

duros e mais doídos, porque as acelerações são maiores. Nessa época, com certeza, ela começa a amadurecer rapidamente as contraposições, porque as quedas são mais perigosas, mais frequentes e doem. É nessa direção que entendo a presença da enigmática vaca e seu bezerrinho, que Tatiana parecia abominar tão gratuitamente. Se apreciou os dois bichos ao vê-los pela primeira vez, por que insistir que não gostava nem de um nem do outro? Dizer que não queria saber deles nem queria vê-los? A explicação da rivalidade com o futuro nenê surge sozinha, mas não se pode excluir esta outra: uma vaca e um bezerro *são formas muito semelhantes,* uma *nasceu da outra* e uma é *bem menor* que a outra. Em grandes linhas, isso é uma descrição perfeita das nossas contraposições de apoio. Elas são *análogas* (ou complementares) em relação às direções do puxão, são de *menor* intensidade, mas podem *crescer* rapidamente quando surge o risco de queda.

*Aquilo que está deixando Tatiana confusa é justamente
a presença do outro, que quer sempre o contrário.*

Se se solicita dela uma iniciativa, imediatamente se esboça a contraposição e ela sofre, fica perplexa na sua imobilidade entre o querer e o não querer.

Já vi omitida a *propriocepção* tantas e tantas vezes – até nos textos de Biologia do Ensino Médio – que tomo o cuidado de recordá-la. Contraposições motoras não são apenas mecânica ou mera fisiologia. São sensações – que é onde e como o fisiológico se faz Psicologia. Quando falamos em motricidade, estamos falando em "imagens" proprioceptivas, conjuntos certamente configurados de sensações. Mais do que isso, essas sensações "dizem" para a consciência: *Você está assim*; essa é sua *estrutura intencional neste momento*; este é seu *apoio* e esta é a amplitude de sua *base*; esta é sua *força* (contra o outro ou contra você, basta um átimo e um conjunto se converte em outro de algum modo oposto).

A INCONSCIÊNCIA COLETIVA 175

O caso de jogar as coisas *com força*, ao comer, pode ser tido como ensaio *espontâneo de forçar* a solução do conflito. Se surgem impulsos e inibições com a mesma força, simultaneamente e em sentidos opostos, então a pessoa fica *paralisada*.

Ela se agita – joga com força – para *começar* a mexer-se, para sair do impasse de qualquer jeito.

É bom recordar que, no *interior* do sistema nervoso, os impulsos nervosos duram *milésimos de segundo*, ao passo que nos terminais motores eles estão próximos do *décimo de segundo* (devido à inércia dos músculos e ossos que executam a intenção).

Logo, a *menor hesitação* na distribuição de impulsos pode invertê-los – ou desencadeá-los simultânea em vez de sucessivamente.

Mas o assunto vai muito além de Tatiana, envolve todas as crianças e todos nós.

Lembremos Piaget e sua observação – fácil de verificar – de que por volta dos 2 anos surge o primeiro *por quê*. *Só existe "por quê" onde existe dúvida*, isto é, onde existe uma *alternância de movimento*, onde existem *duas ou mais* opções ou possibilidades. A criança pequena é, vai, faz e acontece. É quando *uma força contrária* a puxa em sentido diferente do seu querer ingênuo que ela estaca, fica perplexa e pergunta: *Por quê?* É como se sua pergunta quisesse dizer, bem no fundo: *O que é que está me segurando? Por que estou presa?*

Os psicanalistas escreveram bibliotecas a respeito do outro interior, do duplo, do gêmeo, do sósia, da minha imagem no espelho. Jung assinalou insistentemente a presença do herói e do anti-herói em todos os mitos (Cristo e Judas, Gilgamesh e Enkidu). Essa divisão primária do eu encontra sua explicação mais simples, mais natural e mais completa no esquema que estamos propondo. Qualquer que seja a inclinação do meu corpo, o meu cerebelo, na mesma medida em que vou me inclinando, vai construindo a contra-atitude que me "segurará" se eu perder o equilíbrio. Ao mesmo tempo que

176   J. A. Gaiarsa

permite que eu me incline numa direção, ele vai puxando levemente *na direção contrária* – a fim de manter a projeção vertical do centro de gravidade dentro do polígono de sustentação.

Mas há duas espécies de contraposições, sendo uma o limite da outra. Uma coisa é eu ir me inclinando com cuidado, *segurando-me* para não cair. Outra coisa é perder o equilíbrio de repente – estar preparado para não cair. Preparado, isto é, pré-parado, "parado antes". Essas duas estruturas neuromotoras são semelhantes, sendo uma o limite da outra.

Para estudar essa situação, consideremos uma pessoa de pé e outra, atrás dela, empurrando-a bem lentamente para a frente, com uma mão aplicada ao meio das costas. Esse empurrar deve ser leve o suficiente para a pessoa não tirar os pés do chão nem dobrar o corpo. Na medida em que o corpo da pessoa vai se inclinando, sempre reto, ela vai reagindo cada vez mais fortemente à inclinação. No momento crítico da queda, ela dará um pequeno passo para a frente a fim de não cair e sobretensionará bruscamente todas as contratensões que se estabeleceram *durante* a inclinação. É preciso imaginar e experimentar com clareza essa situação para perceber como ela envolve o corpo inteiro, como ela é frequente, como ela é "angustiante".

Estamos lidando com um dos mais famosos problemas humanos, tanto da Psicologia quanto da Filosofia: *o problema dos contrários*. O homem é "feito" de disposições antagônicas, contrárias, inclusive contraditórias. Todo generoso é mesquinho, todo prepotente é servil, o bom menino é um despeitado, todo virtuoso é um mal-humorado, toda coquete é tímida, todo alienado é angustiado. Esses contrários foram profundamente analisados por Jung, pela dialética e pela filosofia oriental. A dialética, que consideramos muito ocidental, lida com os opostos, pois tese e antítese são sempre de sentidos – quase digo de direções – contrários, como se fossem vetores, como as tensões musculares, que são vetoriais.

A INCONSCIÊNCIA COLETIVA   177

Vê-se que a raiz "mental" do problema dos contrários está presente concretamente no plano da motricidade.

Sendo o homem um conjunto de forças contrárias, ele passou a *conceber o mundo* como um conjunto de forças contrárias, "projetou" sua constituição motora no universo.

Convém assinalar ainda que o próprio Freud – seguindo talvez uma intuição profunda – usou esta expressão feliz: "contracarga". Em momento inspirado, ele usou essa expressão para dizer que muitos impulsos têm uma força contrária que os inibe. Mas, nos seus escritos, o termo referia-se a um modelo ideal, não concreto. *Bastaria que Freud tivesse observado as pessoas sendo "puxadas", "empurradas" ou "impelidas" pelos seus desejos ou "seguradas" pelos seus temores para que ele percebesse imediatamente que a contracarga é uma expressão exata em sentido físico, mecânico.* Quando uma pessoa se diz "inclinada", "pretendendo" ou "predisposta" a certa ação (note-se a ambiguidade dos termos, que são ao mesmo tempo de sentido psicológico e mecânico), quando *deseja* alguma coisa, *imediatamente e no mesmo ato vai construindo* a tensão oposta para que o corpo não caia. Esse conjunto de tensões opostas pode muito bem ser chamado, com clareza, poder de síntese e elegância, de *contracarga*. Poderia ser chamado, também, com muita propriedade, de *contraintenção*.

Não se trata de uma atividade "mental", não se trata de um "mecanismo inconsciente" hipotético, não é um conceito. É um conjunto de tensões musculares perfeitamente visíveis, sensíveis, registráveis e, podemos dizer, lógicas. *É preciso que exista* a contracarga, senão nós caímos.

A objeção mais comum que ouço é: *Mas, afinal, a maioria das crianças não é muito empurrada nem muito puxada mecanicamente.* Não são muitos os pais que vivem dando pescoções e safanões nas crianças para que elas se dirijam à mesa, ao banho, à cama, ou para que

178 J. A. GAIARSA

elas se afastem do fogão, da escada, da tomada elétrica. A criança pequena é simplesmente *levada* pela mão, à criança maiorzinha *se fala* ou se ordena. Dizemos *Venha aqui, Vá lá, Faça isto, Faça aquilo. Mas ninguém parece se dar conta de que essas palavras funcionam como empurrões e puxões.* O *sentido da palavra* – vá, venha, volte, saia –, como *o tom da voz,* funciona como puxões, empurrões, freios, abalos; não raro o tom de voz se faz imperativo, intimidante, súplice. As palavras atuam sobre os movimentos das crianças *como forças* que perturbam sua estática e sua dinâmica *corporal.*

Portanto, as *palavras* podem ter um *efeito mecânico* perfeitamente registrável. Todo o nosso equipamento psicológico começa e termina no movimento. O que queremos das pessoas é que elas *façam* ou *deixem de fazer,* que *vão* ou *venham.* Mas, como sempre quando os homens não têm nada para fazer, eles *sentam* e *conversam,* e *conversando não vêm nem vão,* acabam pensando *que as palavras não têm nada que ver com os movimentos.* Mas ai da palavra sem movimentos. Só serve para falar – mais nada.

Como vimos, podemos assumir mil posições diferentes e em cada uma delas estarmos sujeitos à queda. Facilitar a formação de todos os esquemas de contraposição, *que nos darão segurança,* é uma tarefa naturalmente longa porque, em condições usuais, só podemos experimentar essas mil posições ao longo de muitos meses. Mas, se, alertados pela hipótese proposta, nós *compactarmos* a experiência motora da criança, oferecendo-lhe muitas situações de equilíbrio difícil e queda protegida, talvez consigamos fazer que a evolução que "naturalmente" demora dois ou três anos passe a não demorar, quiçá, dois ou três meses.

Aqui entra o problema adicional da maturação do sistema nervoso – se essa maturação *pode* ser acelerada. É evidente que entre 2 e 3 anos a criança já tem *predisposição motora suficiente* para aprender a equilibrar-se. É quanto basta para a terapia proposta.

A INCONSCIÊNCIA COLETIVA 179

Quando *não compreendemos* o período da teimosia infantil *nesses termos*, fazemos coisas muito ruins com as crianças, coisas que terão reflexos indeléveis sobre uma vida inteira – sobre nossa vida toda. *Todos nós vivemos essa maturação e é esse o período da vida da criança no qual, segundo tudo indica, ela é mais maltratada.* O adulto se irrita muito com a teimosia dela, e mesmo pais benevolentes, nesse período, muitas vezes perdem a paciência e dão empurrões e surras, fazem exigências, dão castigos e berram, porque toleram mal aquilo que parece simplesmente manha, bobeira, *birra e oposição sem motivo.*

Ninguém se dá conta de que a criança, com essa "teimosia", está aprendendo uma coisa muito importante, mas cuja manifestação é irremediavelmente "irracional": é *somente* um "ser-do-contra". Em parte por causa disso mesmo, *da "irracionalidade" de sua oposição*, é que nós cometemos violência contra ela.

Deve-se dizer – é apenas outra forma de enunciar o problema – que nessa época a criança sente pela primeira vez, *em toda a sua plenitude*, o que quer dizer um *conflito psicológico*, isto é, experimenta a ação de *conjuntos de forças interiores que tendem para direções contrárias.* De novo, não são conceitos, são fatos. Tanto o desejar ir quanto o não conseguir, *como conjuntos complexos de tensões musculares*, são dois "personoides", são *duas atitudes*, duas coisas que "parecem gente", que põem *o corpo* de um jeito – ou ao contrário. Mas as duas são *globais*, e não *partes*, ambas envolvem e modelam o corpo *todo*.

É um conflito perfeito e dualista puro. Se nos fosse dado viver esse conflito numa atmosfera de mais compreensão, com treinamento intensivo de equilíbrio, não só resolveríamos bem o problema da teimosia da criança *como aprenderíamos a viver muito melhor – com maior aceitação – todos os futuros conflitos que a vida viesse a nos propor.*

Quero dizer que o adulto, sempre que entra em conflito, além de sofrer as dificuldades ligadas à situação atual, vê reavivados em si

180 J. A. GAIARSA

todos os maus-tratos daquela época infantil em que pela primeira vez ele se sentiu em conflito. Preso entre duas tendências opostas, faço comigo exatamente o que fizeram comigo: começo a gritar contra mim, a me empurrar, a me puxar e a me sacudir estupidamente em todas as direções. "Mentalmente", fazemos exatamente isso.

Se tivéssemos sido levados com habilidade, viveríamos melhor nossos conflitos e certamente encontraríamos soluções melhores.

O que dissemos até agora sobre conflito, considerado dois conjuntos de forças opostas – e apenas dois –, não é de todo exato. É apenas modelo inicial esquemático. Se experimentarmos a situação da pessoa que está sendo lentamente empurrada por outra, perceberemos que podemos compor nossos esforços de equilíbrio de maneiras diferentes, isto é, para *cada* empurrão há *vários* modos de oposição – não um só.

Voltemos, porém, ao momento em que, já periclitante na minha posição de empurrado, recebo um empurrão a mais. O que faço então é *enrijecer-me por inteiro*, a fim de não cair. É o que obrigamos a criança a fazer muitas e muitas vezes por dia, não só empurrando-a fisicamente como também empurrando-a (ou paralisando-a!) com gritos, caras feias e ameaças. Esses sustos intensos, *que nós acrescentamos ao receio que a criança sente instintivamente de levar um tombo*, fazem que ela se *enrijeça* dezenas ou centenas de vezes durante o dia, *criando posições de superestabilidade no espaço, posições indevidamente tensas e maciçamente inibidoras* – isto é, inibições globais, pouco discriminativas.

Em vez de simplesmente fazer o esforço contrário para não cair, em vez de preparar seus esquemas motores para se mover ágil e alternativamente de posição para posição, a criança aprende uma lição só: *Preciso ficar inteiramente dura, porque senão eu caio.*

É aí que começa o que poderíamos chamar de orgulho infantil: a posição empertigada e tesa da pessoa que fica "muito de pé". *Basta ver um adulto tocado na sua susceptibilidade para ver o que queremos dizer.* A pessoa susceptível, quando tocada, empertiga-se, levanta a cabeça e inclina a coluna inteira para trás. Qualquer que seja o reparo feito contra ela, o que ela faz *é ir para trás.*

Essa frequentíssima reação de orgulho, ou de amor-próprio ferido – estou falando tanto dos movimentos quanto dos sentimentos –, vai criando aos poucos o orgulhoso propriamente dito, que se confunde com o conservador. A atitude do conservador é muito ereta, ele é muito solene, ele está muito de pé, *ele está sempre predisposto a cair para trás.* Ele parece alguém que está sendo puxado para a frente e teima em não ir. Esse o retrato do orgulhoso e do conservador. Pessoas assim – quase todo mundo é orgulhoso em alguma medida – comportam-se desse modo não só diante dos outros como também diante de impulsos *interiores,* que ao surgirem nos fazem balançar, desequilibram-nos ou nos empurram como se uma pessoa nos empurrasse.

Com esse esquema podemos compreender uma das afirmações mais enigmáticas da Psicanálise. É fácil ver que tudo que dissemos até agora sobre o *esforço de parar de pé* é chamado pela Psicanálise de *resistência.* Sempre que a criança *quer ir* ela *se inibe.* Isso é a própria definição do esquema operacional básico da Psicanálise: impulso e resistência (tese e antítese). Creio que não existe mecanismo mais importante na explicação da maior parte das desgraças humanas. É muito difícil para a maioria das pessoas compreender *que um impulso se manifeste primeiro pela inibição.* É isto mesmo que estamos falando e explicando em base fisiológica e biomecânica: quando tem a intenção de ir para a frente, a pessoa recua.

Se eu sou psicanalista e fico observando meu paciente sempre *deitado,* jamais desconfiarei que a resistência dele é, bem no fundo, medo de levar um tombo.

Na pessoa deitada, todos esses processos se tornam confusos e desorganizados espacialmente. Se estivéssemos conversando com ela de pé, ou andando com ela, poderíamos registrar quase todas essas questões na forma de pequenos movimentos esboçados de ir ou de não ir, de avançar ou de recuar, de acompanhar ou de resistir.

182   J. A. GAIARSA

Quando, por volta dos 5 anos, a criança começa a adquirir a singular capacidade *de falar sozinha*, aí se forma o superego *verbal*, ou o pai crítico, aquele que *fala* contra.

Mas ele não teria força nenhuma para conter a conduta se não estivesse assentado sobre e não fosse apenas o sinal de um *sistema inibidor-motor* difuso, tenaz e de atuação praticamente instantânea. Estamos sempre predispostos a recuar e é por isso que o pai crítico tem força sobre nós. Na verdade, não é a palavra que tem força, mas a predisposição de recuar, de não ir. Vamos fazer uma última comparação: imaginemos que andamos sobre lama escorregadia. É assim que uma criança se sente nos primórdios da posição ereta. Se nessa situação passam pessoas por mim, me puxam, me empurram e gritam *Venha cá, Vá lá*, cada um desses impulsos desperta uma contração difusa do corpo, para que eu não caia. Depois de andar cinco minutos nessa estrada, ao encontrar chão mais seguro, estou mais empertigado que um executivo. Todos os meus esforços para não cair ficaram superconcentrados e superativos. É disso que estou falando e é esse o retrato do superego.

Vamos ampliar a afirmação de que toda resistência – dita psicológica – é um conjunto de tensões musculares que se mantém cronicamente, como demonstrou Reich. Esquematicamente, o Id é o mundo visceral e o Ego é nossa capacidade de percepção e controle dos movimentos. "Seguramos" nossos impulsos/desejos com esforços musculares cronicamente mantidos, como se fez bem claro no caso da evacuação. Mas todas as tensões crônicas, ou todas as contrações habituais, automáticas, perturbam a organização de novos movimentos. Vivemos amarrados (mesmo) e qualquer novo empurrão nos assusta muito. Nossa angústia mais frequente é o *temor de queda, que reforça a tensão* sempre que ativado por *qualquer* movimento novo!

Cada resistência é um conjunto de "cordas" musculares que nos amarram. Resistência – qual é uma boa imagem para representá-la? Empurro ou puxo alguém e ele faz força *contra*. Não é isso? Ele resiste.

Praticamente todas as escolas de Psicologia Dinâmica aceitam, ou declaram, que todas as resistências se organizam em torno de um centro, ou de um núcleo: *Pride System* (Karen Horney), Narcisismo (Freud), Couraça (Reich), Script de Vida (Transacional), Plano de Vida (Adler).

Lógico: todas as nossas atitudes estáveis (resistências) *só podem se organizar* em torno da vertical, que é o eixo da postura.

Por que Tatiana ficava pior ao acordar? A hipótese mais provável é que ela, ao dormir, sonhava com seu conflito expresso em imagens vivas e discordantes. Neurologicamente, diremos que sistemas motores em exercício/maturação, com tempo de coordenação de centésimos de segundo, "acordam" precariamente e a confusão resultante piora – piorando os adultos próximos! E uma confusão alimenta a outra, até que Tatiana e Suzana voltem a... se equilibrar.

A idade de Tatiana é a Idade do Não e *ao mesmo tempo a Idade do Eu*. É aí que começa, ou se intensifica, a formação do eu que diz – *no comportamento – Não vou, Não preciso ir, Posso resistir, Posso brigar, Posso ser contra*. Ouvi dizer que Lacan chama a idade dos 2 anos de Idade do Espelho. É então que se forma uma certa noção do eu – ou de si – comparável à situação da própria imagem vista em uma superfície refletora – imagem *oposta* ao personagem (enfrentando-o). Não conheço pessoalmente os escritos desse autor. Mas para mim é evidente que nenhuma criança se vê suficientemente ao espelho a ponto de fixar uma imagem visual estável de si mesma.

Na Idade do Não, quando adquiro a capacidade de me opor aos outros, *começo a percebê-los como distintos de mim*. No mesmo

184 J. A. Gaiarsa

movimento estabeleço com eles uma dupla relação. Espontaneamente, a criança já exibe, aos 2 anos, identificações com os adultos (comportamento, gestos e atitudes *semelhantes* aos dos adultos próximos); além disso, ela já tem um bom número de respostas reforçadas pelos próximos e tende a fazer o que estes apreciam, aprovam, premiam. Esse eu, de origem quase de todo social, externa, começa a ser contestado por um *contra-eu* proprioceptivo, que goza de toda a força dos mecanismos posturais – deveras arcaicos (vêm do tempo das medusas!).

Enfim, no homem, os mecanismos posturais são complicados e perturbados pela posição *ereta* que nos é própria.

Portanto, o espelho (eu *lá* – minha imagem modelada *pelos outros*) é *o que vejo*. O outro *aqui* – o do contra – *é o que eu sinto* (proprioceptivamente). Eu sou a negação deles! (Logo, eles devem ser meus perseguidores...) *Eu e perseguição são sinônimos.*

Vale a pena recordar que, em certo sentido, o sistema motor, no que se refere a seu controle nervoso, é muito mais inibidor que excitador; há muito mais núcleos tonígenos (contraturantes) do que centros excitomotores.

A razão dessa estrutura de excitações e inibições é com certeza a gravidade. Todos os animais são pesados e devem se manter "de pé" contra o puxão constante da gravidade. Um animal só se *mantém* de pé resistindo – fazendo força contra. Contratura ou hipertonia quer dizer força contra o puxão da gravidade, que, sendo constante, gerou as hipertonias dos animais. Sem elas, eles se locomoveriam muito mal.

Essa é a biologia do superego, que pode ser identificado com o sistema de equilíbrio – ou postural – que nos faz homens, que nos põe e nos mantém de pé.

A INCONSCIÊNCIA COLETIVA 185

É a forma própria de nossa Existência – convém recordar.

Em particular: temos primeiro o que eu chamarei de "Sistema de Agarramento" (*grasping*), cuja expressão neurofisiológica é o Reflexo de Estiramento (*stretch reflex*). Qualquer músculo estirado *rapidamente*, mesmo que em apenas 0,8% de seu comprimento, reage com uma contração maciça – em sentido oposto ao puxão. Por que existe esse reflexo em todos os músculos do corpo? Obviamente, para impedir a queda. Onde quer que surja um desequilíbrio, um balanço brusco do corpo, aí alguns músculos são estirados e se contraem, "segurando" o corpo. Esse reflexo é o primeiro degrau de nossos automatismos autoestáticos, o mais arcaico na história do sistema nervoso – reflexo medular (rapidíssimo na ação, como tem de ser). Ao nos desequilibrarmos, temos apenas uns poucos centésimos de segundo para nos reequilibrar, senão caímos.

Depois temos o cerebelo, um segundo cérebro, de função *exclusivamente inibidora*. Na feliz expressão de Eccles (1973), o cerebelo é como o escultor do movimento – ele desbasta o bloco de impulsos piramidais e dele retira todo excesso, toda aspereza, toda desproporção. Por isso ele é inibidor – e apenas inibidor. Por isso ele é importante no equilíbrio. É o freio mais veloz, mais preciso e mais complexo que se conhece (no mundo).

Temos ainda o sistema gama. Para encurtar, diremos que esse sistema é o congelador do movimento em postura. Ao sairmos de uma atitude ou posição, ele se inativa; quando paramos em nova posição (ou atitude), ele se ativa e mantém a nova posição (resistência!).

Todo esse aparato nervoso (talvez dois terços de nossa substância nervosa) existe essencialmente para manter a posição ereta, condição de nossa mais gigantesca vantagem biológica sobre os demais animais: as mãos livres.

186 J. A. GAIARSA

Diante desses fatos, que pensar da afirmação de Bion, em São Paulo, há cerca de trinta anos: "A mais arcaica das funções psíquicas é o movimento"? O que pensar de Bergler quando afirma: "O superego é o mais estúpido sistema de inibições que o homem inventou para se torturar"?

Na pessoa deitada – situação analítica –, os mecanismos posturais não se inativam de todo, mas reduzem bastante sua atividade. Sem ver o paciente, inclusive de pé e andando, a gente esquece que ele tem corpo (e que a gente também tem) e então não vê que o corpo é uma máquina (mecânica mesmo) de fabulosa complexidade e finura; que essa máquina mais maravilhosa ainda se faz porque *ela sente* o espaço, o tempo, o movimento (na verdade, só o movimento, que, ao se realizar, gera simultaneamente o espaço, a forma e o tempo, a sequência, a ordem, a série).

No movimento, ainda, essa máquina *sente força*, a força que faz a atitude e o gesto – a genuína e essencial força do eu: o controle do movimento.

Parece o óbvio: só a propriocepção pode nos dar essas noções, e derivá-las de "afeto", "instinto", "víscera" não é um bom caminho. É começar negando o evidente, para encontrar o obscuro.

Um último fato, de frequência maciça, deve ser recordado: praticamente *toda* a Psicoterapia lida com hábitos, com automatismos motores, isto é, com estruturas inconscientes, porém passíveis de consciência. Mais do que isso: são modos de ser e de reagir que a própria pessoa não percebe, mas qualquer um pode ver – se estiver olhando. Se estiver apenas ouvindo, não percebe, e então forja hipóteses obscuras para explicar o óbvio.

Tudo que Freud chamou de pré-consciente é propriocepção (para o sujeito) e comportamento (para o observador). Não é audível mas é visível, na forma de expressão não verbal.

Tatiana empertiga-se de leve quando anda depressa. É também muito susceptível, abrindo facilmente uma boca muito grande ante qualquer negativa ou cara ruim dos adultos. Essas duas características da menina concordam com seu excesso de freios cerebelares. Ela anda sempre um pouquinho puxada para trás na altura dos ombros (empertigada). Ela é susceptível porque faz sempre alguma força para manter o equilíbrio, e com isso desloca seu centro de gravidade *para trás. Qualquer empurrãozinho a mais – real ou falado – pode fazê-la cair.*

Tatiana apresenta certa imaturidade na adiadococinesia – capacidade de fazer movimentos *alternativos* com rapidez e precisão. Posta sobre um cavalo de balanço, ela não consegue iniciar o movimento. Não parece ter a noção precisa do impulso que é necessário dar na hora certa. Mesmo que seja balançada por um adulto, mantém o movimento por pouco tempo e acaba parada. *Isso indica que ela não tem limites precisos entre o momento da impulsão e o da freada.* E precisará ser balançada muitas vezes para firmar essa noção.

Suzana estudou balé durante muitos anos, tendo sido admirada na escola em que estudava. No entanto, ela reconhece, e eu percebo com clareza, que não é de se mexer muito, não faz movimentos bruscos, anda sempre um pouco tesa, um pouco prevenida, ainda que com certa leveza e agilidade.

Embora não seja ostensivamente do tipo de mãe que "amarra" o filho com seu medo, fica-me a impressão, tendo visto mãe e filha juntas, de que Suzana, sem querer, lança uma pequena teia de aranha em volta da menina, que não tem a desenvoltura que poderia ter se tivesse outra mãe. Uma rede de pequenos cuidados, de constante prevenção. Sempre prevenida.

Já a avó de Tatiana é só *não.* É uma pessoa que, ao ver *qualquer* movimento em torno de si, diz *Não.* Se fôssemos levar a sério as falas da vovó, concluiríamos que até o relógio deve ficar parado.

188 J. A. GAIARSA

Claro que uma ansiedade desse nível é paralisante para a criança. Embora a avó a veja pouco tempo por dia, é claro que seus *nãos* devem ter estampado na mãe de Tatiana toda uma atitude de prevenção, de *Não vou* ou *Se eu for, só irei com muito cuidado*. Faz parte do quadro, ainda, a habilidade manual da menina, que faz coisas complicadas com os dedinhos. Essa é bem a marca do desenvolvimento motor *voluntário*, altamente cortical, altamente piramidal. Tatiana não se confia aos balanços necessários de corpo inteiro, mas confia na habilidade adquirida pela persistência – desde que o exercício dessa habilidade *não comprometa sua estabilidade física no espaço*. Durante muitos minutos ela fica ensaiando abotoar o sapato – até conseguir. Alguém diria que Tatiana é uma compulsiva nas coisas que cisma fazer. Ela as repete quantas vezes forem necessárias, até aprender a fazê-las – sem que ninguém insista.

O ídolo de Tatiana, na escola, é um garoto muito ativo, vivo e ágil, capaz de deixar tonta uma classe inteira, subindo em todas as coisas aos gritos, aos pulos, às correrias, enquanto Tatiana, da plateia, assiste entusiasmada às exibições de seu herói. Toda sonsa ama um malandro!

A defesa típica de Tatiana quando lhe tiram um objeto das mãos, primeiro, é dizer um *Não* muito alto com uma careta bem feia. Se o pegador insiste em tirar-lhe a presa, ela se senta em cima, e aí é um pouco difícil tirar Tatiana do lugar e tirar a coisa da menina.

A estabilidade tem suas vantagens...

Aconselhamos o leitor a reler a descrição inicial do caso. À luz do que se propôs, ela se fará excepcionalmente clara.

Bibliografia

BERNSHTEIN, N. A. *The co-ordination and regulation of movements.* Oxford: Pergamon Press, 1967.

ECCLES, J. C. *The understanding of the brain.* Nova York: McGraw-Hill, 1973.

ECCLES, J. C.; ITO, M.; SZENTÁGOTHAI, J. *The cerebellum as a neuronal machine*. Berlim: Springer-Verlag, 1967.

FREUD, S. *Obras completas*. Madri: Editorial Biblioteca Nueva, 1948.

GRANITT, R. *The basis of motor control*. Londres: Academic Press, 1970.

HOPPER, B. J. *The mechanics of human movement*. Londres: Crosby Lockwood Staples, 1973.

HUNT, C. C. *Muscle receptors*. Berlim: Springer-Verlag, 1974.

REICH, W. *Character-analysis*. 3. ed. Nova York: Orgone Institute Press, 1949.

ROLF, I. *Rolfing*. Califórnia: Dennis-Londman Pub., 1977.

O seguinte ensaio mostra, exemplifica e discute o valor individual e coletivo de uma Psicologia *do que se vê*, quando confrontada com uma Psicologia *do que se fala/ouve*.

DA MORTE À AMEAÇA
OU HISTÓRIA NATURAL (E ARTIFICIAL) DA AGRESSÃO
OU A MATANÇA DOS INOCENTES

Se a agressão entre membros da mesma espécie animal não fosse contida, provavelmente nenhuma sobreviveria. No limite da agressão intraespecífica estão os filhotes – vítimas favoritas de todos os predadores. Por isso, resistir a comer filhotes, tão tenrinhos e indefesos, tão disponíveis, foi uma inibição difícil de desenvolver. Mas lá chegamos, tanto em relação aos semelhantes quanto em relação aos filhotes. Como?

Basicamente, substituindo a guerra de
morte pela guerrilha permanente das ameaças.

Mostrar que eu estou pronto para a briga geralmente basta para que ela não ocorra. Nove entre dez guerras, das biológicas às domésticas, das profissionais às econômicas, são resolvidas assim. A ameaça é a raiz biológica da

encenação

– que fez nascer o ator, que prepara a briga toda (cara, pose, gritos, agitação) e se detém na beirada do ataque efetivo. Foi isso que salvou as espécies animais, e de dois modos:

> – diminuindo drasticamente o número e a gravidade dos ferimentos reais;
> – economizando energia; a luta real consome muito mais energia do que o jogo de ameaças.

É bom recordar que os animais são máquinas mais do que engenhosas, mas termodinamicamente pouco eficientes: a assimilação de substâncias que liberam energia é limitada em relação à quantidade ingerida, e o aproveitamento da energia é de rendimento modesto.

Basta ver algumas crianças juntas para compreender o valor desse mecanismo biológico de substituição do ataque pela ameaça. De dez em dez minutos surgem rusgas, olhadas feias, gritos, mãozinhas que sobem; mas os pegas feios são poucos.

A ameaça, com os símios de olhos agudos, bons ouvidos, face móvel e guinchos variados, foi se *desmaterializando* ou se *sublimando*: fazendo-se cada vez mais apenas por meio de sinais específicos de ameaça, sinais cada vez mais leves – de consumo energético cada vez mais baixo. A ameaça é, entre quase todos os animais, um ritual: um conjunto de movimentos sempre semelhante. Entre nós, basta uma olhadela, às vezes um som ou um gesto de mãos, para *vencer* uma briga familiar ou fechar um negócio por 10% a menos...

As brigas sociais (verbais) se fizeram altamente indiretas porque, entre civilizados, brigar de pau é feio. Numa reunião social, *pequenas frases* ditas com suficiente veneno podem *ferir* muito, mas é evidente que não comprometem a vida. O limite da distância entre ameaça e agressão propriamente dita, ouvi-o certa vez de velho funcionário público que, para vingar-se de um colega, *jogou-lhe em cima* (dito com ênfase e fúria) *um Processo Administrativo!!!*

192 J. A. Gaiarsa

O LIMITE DA AMEAÇA É A IMINÊNCIA DO ATAQUE

Aí o impulso está *completo*, inteiro, *não reprimido*.

Dessa descrição se colhe outra noção, preciosa, sobre repressão: ela é ou pode ser *parcial*, mas isso não significa quantidade (pouca raiva ou muita raiva, pouca repressão ou muita repressão). Significa que, em algumas partes *do corpo* (e não *do inconsciente*), nós contivemos determinado movimento, que pode ser tão leve como um mover de olhos ou, no extremo oposto, pode ser um retesamento do corpo *todo*. *Logo, a análise da repressão pode ser corporalmente bem localizada* – excelente caminho para se construírem *mecanismos* patogênicos psicossomáticos.

É preciso formalizar e repetir: as *camadas* das defesas e as *partes* do inconsciente, quando *vistas no corpo*, confundem-se com posições e movimentos mais ou menos extensos, *todos padronizados*, tanto pela *seleção natural de comportamentos* quanto pelas *convenções sociais*. Quem tenha familiaridade com textos de Psicanálise, de Reich e com noções de *camada* (de resistências), *representações derivadas de instintos na consciência, realizações simbólicas, agressão reprimida* perceberá que nossa digressão etológica sobre como fazem os animais *in natura* põe em paralelo sugestivo a história natural e a história individual da agressão. "Arquétipos" e "inconsciente biológico" são termos que recebem novo significado quando se lê etologia, quando *se veem* os animais e como eles fazem.

Vale a pena pormenorizar.

Posso dizer que *uma olhada feia* é uma agressão indireta, remota, *reprimida*, incompleta, superficial, simbólica e mais; mas o que importa não é apenas saber se a agressão foi parcialmente reprimida ou não; o que importa é saber se essa ação, *na situação dada*, foi útil, se cumpriu sua finalidade (ou não). Se não cumpriu, será preciso *engrossar* a agressão: digamos, dizer duas ou três palavras desagradáveis em tom de voz seco, endireitando/firmando a cabeça. A cada novo acréscimo expressivo, a cada *passo* de *maior contração* ou a cada *novo movimento* que se soma aos que já estão aí, diremos que *o impulso se aproxima* cada vez mais da sua forma original, *inteira*, primitiva, animal, instintiva. Nessas expressões todas *está suposto* que a repressão fez o instinto recuar cada vez mais, isto é, ser cada vez mais reprimido. Note-se o quanto essas expressões são todas analógicas (*aproximar-se* ou *afastar-se* da consciência) e o quanto fazem supor um espaço que não existe – o espaço do inconsciente.

O exame e a descrição cuidadosa da situação bem observada nos dizem o que dissemos: a cada novo passo da agressão, a ameaça cresce:

– à custa do reforço de tensões musculares *já atuantes*;
– à custa de movimentos *que vão se acrescentando* aos que já estão aí.

O limite da agressão é a morte do outro e – suponho – ninguém vai querer chegar a ela somente para poder dizer que assumiu *toda sua agressão*. Supõe-se também que não convém a nenhuma Psicoterapia propor-se a *libertar toda a agressão* das pessoas. Para os civilizados, tanto quanto para os animais, mostra-se mais importante saber lidar *com ameaças* do que com *agressões*. Sabemos, principalmente baseados na experiência doméstica, que são feitas *mil ameaças antes que ocorra um ato* agressivo ou uma decisão importante.

Convém sublinhar: os *atos* agressivos são *reais*, mas as ameaças estão inteiras no campo do fantástico ou da imaginação. *Antes* de se concretizar num ato, a ameaça estimula fortemente a fantasia do agredido, que começa a supor – a inventar – uma porção de agressões possíveis e a pensar em como se proteger delas. De muitos modos a ameaça é pior que a agressão (quando se fica nela, como geralmente acontece), porque uma agressão *definida* permite defesa definida (ou derrota, também definida); mas a ameaça estimula *muitas* fantasias antecipatórias, e com isso a vítima se confunde – e permanece confusa.

A ameaça se fez arma!

194 J. A. Gaiarsa

DA MORTE À AMEAÇA – QUE TAMBÉM MATA

A transformação da agressão viva, rápida e maciça, feita para machucar e matar depressa, em agressão de ameaça e encenação responde, a meu ver, pela maior parte dos temores chamados de *infantis* pela Psicanálise.

> A criança não tem *fantasias grandiosas e terríveis*
> de destruição. A criança tem medo – real
> e concreto – de caras, gritos e atitudes dos
> adultos que a cercam.

A Psicanálise, trabalhando só no intrapsíquico, não liga nada com nada (por muito que pretenda ligar tudo com tudo): toda interpretação é um apontar para um processo interno ou para uma relação entre processos íntimos.

O medo infantil não depende apenas dos grandes episódios, dos momentos dramáticos (traumáticos) nos quais papai e mamãe quase se matam. O medo infantil depende das ameaças crônicas que fazem parte do clima emocional da família. Os episódios gritantes (!) apenas confirmam (e reforçam) o temor fantástico gerado por um clima de ameaça, *que é negado por todos*. Oficialmente, *todos nos queremos bem – não somos uma família?* É essa negação da realidade hostil *(feita pelos adultos!)* que torna fantástico o medo da criança!

Estou falando da guerra, fria ou quente, que é regra na maior parte dos casamentos, guerra que envolve emoções negativas muito ameaçadoras, *frequente e facilmente presentes na cara e nos gestos dos participantes*. O caso é muitíssimo importante devido à patologia social envolvida e ao fato de que a criança ainda não aprendeu que tudo aquilo é encenação, e provavelmente *continuará* encenação e mais nada.

Se já é *horrível um filho odiar a mãe, é quase inimaginável, para as pessoas*, admitir que uma mãe possa odiar um filho. Essa idealização mentirosa, repetida e reforçada a cada conversa social, avança para o ridículo utópico: pais, e sobretudo mães, são somente, sempre e

A INCONSCIÊNCIA COLETIVA   195

em todas as circunstâncias *bons*! Jamais odeiam, jamais perdem a compostura diante da criança.

Essa *negação social* (essa, sim, *grandiosa e terrível*) da hostilidade familiar produz seus efeitos catastróficos sobre todos. A criança não sabe e não aprende a brigar. Fica indefesa. Só lhe resta a possibilidade de fazer chantagem/simulação. Ela fica paralisada (impotente) pelo temor que sente e por lhe dizerem que esse temor não tem propósito, já que a causa real é negada. A criança fica impotente, mas trata-se de mais uma impotência fabricada pedagogicamente: em toda rusga de criança, prova-se a ela com sorrisos e tapinhas nas costas – e com caras de medo mal disfarçadas – que aquilo foi só uma coisa à toa, que não é preciso brigar, que não é bom, não convém e não adianta ter raiva...

Com essas e outras tesouras (ou lixas), vamos cortando as unhas e os dentes – e a curiosidade – dos nossos inimigos: as crianças.

A criança não pode ser senão uma contestadora sistemática e tenaz de todo o estabelecido, de todo o respeitável e de todo o certo. A criança é uma dúvida persistente em relação a todas as nossas velhas certezas; ela é assim e só pode fazer isso. A toda hora lembra nossa espontaneidade para sempre perdida (assim diz o coro da resignação).

A criança (compreenda-se bem) é o próprio demônio. Ri, acha graça e fica feliz com tudo. Eu, pai, e ela, mãe, não achamos graça em quase nada, há muito desistimos da felicidade e quase nunca rimos (preferimos a segurança). Eu, pai, e ela, mãe, somos vampiros dos filhos, chupões de sua vitalidade exuberante, da sua alegria, da sua criatividade. Vampiros porque não dizemos obrigado a eles, porque não sabemos agradecer nada, e assim não conseguimos receber. Nosso recipiente não serve para a dádiva. Enfim, brandindo nosso amor de pais, nós os socializamos sem um pingo de reflexão e aí usamos – *com toda razão!* – o ódio que indevidamente negamos.

Quero *mesmo* que meu filho seja um bom cidadão deste mundo? Será que é o melhor para ele? Percebo que ele está sendo

196   J. A. Gaiarsa

carimbado, estampado e enquadrado pelos nossos bons costumes? Será que nossos costumes são bons?

E assim paralisamos e sufocamos todo impulso renovador inerente às crianças da nossa espécie, pela Educação sem *feedback* operante, por exclusão da opinião/reação do... autorizado (autorizado a fazer somente o que eu, autoridade, permito; a fazer *apenas o que eu fiz*). É deveras a Matança dos Inocentes!

As pessoas mal avaliam quanto precisam de autorização; por precisar, vivem se explicando/justificando o tempo todo. Estão presas numa jaula invisível e, cada vez que chegam próximo de sair dela, assustam-se – e voltam! Essa gaiola é um campo organizado de forças estáticas (ou cíclicas): é a Couraça Muscular do Caráter. É ao mesmo tempo e de outro ângulo *O sistema em cada um de nós*.

"A criança é vítima dos pavores noturnos e das angústias infantis que *fazem parte* do seu desenvolvimento" (Psicanálise). A criança, na verdade, é vítima de toda agressão inconsciente dos adultos. Na *agressão* vai a acusação e no *inconsciente*, a desculpa: a agressão *inconsciente* – supõe-se – é feita *sem querer*. Na verdade é feita sem que a pessoa perceba.

Mas nunca se diz que

a agressão inconsciente é constantemente visível

– na cara rancorosa do papai, no sorriso descrente, nos gestos impacientes e mal contidos da mamãe quando lava pratos, quando passa roupa ou limpa a casa, na voz do papai, sempre com um rosnado no fundo, de ameaça velada, para garantir controle, ou presente nos olhos implacáveis da mamãe, sempre atenta em perceber quando a criança faz *o que não deve!*

Quando os fantasmas são *visíveis*, não podem
mais ser chamados de fantasmas.

Uma noção incompleta de inconsciente veio trazer para tantos apenas novas desculpas/justificativas/pretextos para deixar tudo como está – *para continuar não vendo nada.*

Afinal, se a agressão reprimida é uma coisa tão difícil e complicada que a gente precisa de cinco anos de análise para perceber ou compreender, o que é que eu posso fazer a não ser aceitar resignadamente a minha? Mas, se os elementos ameaçadores existentes no clima familiar são visíveis, então não posso mais dizer que não tenho culpa, que a culpa é dele, que não sei onde está o mal.

Com tudo isso, volto ao ponto de sempre: não me permito reconhecer, e muito menos aceitar, o ódio que sinto em casa; não falo dele para ninguém – nem para mim mesmo. O caso atinge alturas críticas quando se considera que os filhos representam sempre um peso notável de obrigações, sacrifícios e restrições, por mais irresponsáveis que sejam os pais! Essa situação, que a sociedade diz e acha que é normal e certa, é muitíssimo favorável à produção de sentimentos negativos, como é fácil ver. Fácil demais! Os pais são prisioneiros dos filhos, o que já diz quase tudo. Se estou com um fardo às costas, por mais precioso que ele seja, sempre chega o momento de querer aliviar-me da carga; é o momento de ódio ao tesouro – que pesa tanto. É mais do que biológico o querer livrar-se das amarras: elas prendem, restringem, incomodam e machucam. As muitas coisas que os pais deixam de fazer *por amor aos filhos* são danos irreparáveis para eles (para os pais!). O problema da educação não é só deixar a criança fazer, experimentar o que ela quiser. O problema é, ao mesmo tempo, como fazer, cada pai, cada mãe, *para poder continuar crescendo* (eles também). Em regra, os pais se exaurem ou se limitam ao esforço de reproduzir modelos dos *Você deve* que receberam. Repetem-se e não crescem.

Portanto: não deixam crescer.

Enfim, para completar a cegueira e explicar que só pode ser assim, aprendemos desde sempre e com muita força: filho é muito

198 J. A. GAIARSA

frágil e desprotegido, muito ignorante e muito incapaz. Os pais, pois, *devem fazer tudo por eles e,*

    como somos todos divinos,

      jamais cobraremos deles o que quer que seja.

        Jamais – amém!

Se cobramos – acho que cobramos –, não pode *parecer* cobrança (condição um). Depois, vimos, jamais podemos odiá-los (condição dois) – nem se fala se podemos ou não podemos. Diz-se logo, com caras terríveis, que os pais simplesmente *não têm* raiva dos filhos. Seria *tara*, porque os pais por natureza não têm ódio dos filhos!!! Só os filhos, coitados, esses transviados, às vezes, e apesar de todos os sacrifícios, ainda têm ódio aos pais. Mas os pais? Jamais!

Se agora somarmos, acharemos as barras dessa cadeia que se chama família! A família autoritária se organiza em torno desta diretiva: *Meu filho, você deve ser*

    – como eu quero que você seja;

    – como muitos me disseram que queriam que você fosse;

    – como muitos me obrigam a ser – porque senão...!

Meu filho, meu primeiro dever e minha maior obrigação é educar (levar/dirigir) você.

Mas educar se faz, nove em dez vezes, enquadrando, paralisando, impondo à força ou pelo carinho, pedindo, chantageando, até suplicando, ameaçando, batendo, até desprezando, para que ele faça *como é preciso* (como um *bom filho* deve fazer) – isto é: que ele não faça do seu jeito, mas do nosso; que ele *não* se desenvolva, mas *nos* reproduza.

    – Não é natural?

Em função *e em nome desse dever sagrado, educar, a gente pode xingar, ameaçar, bater, castigar, porque ele merece e precisa.* Assim, a agressão latente dos pais – latente para eles, que não a reconhecem, mas *visível* para a criança – atualiza-se periodicamente, confirmando todos os temores *fantásticos* da criança. Na verdade, educá-la (controlá-la em nome da sociedade) é minha obrigação primeira!

A INCONSCIÊNCIA COLETIVA 199

Qual é a diferença entre essa *obrigação* e a *raiva pura e simples?*
Toda essa agressão está nos jeitos, vozes, caras e posições; muito mais nas posições que nas atitudes: posição é mais fixa, mais impessoal, menos acessível que atitude. A posição é mais social. A atitude é mais individual (v.i.).

Insisto, porque na situação presente a guerra eterna é inútil. Inútil porque, de tudo que mamãe gostaria que seu filho fosse, ele se faz tão pouco. Sabemos que as mães repetem seus conselhos milhares e milhares de vezes. É uma atitude (pessoa) que fala ou é o pronunciamento de uma posição (social)? A mãe *tem* (quer) essa posição, a de *boa mãe*, ou ela não consegue se livrar disso? Quase nenhuma consegue. Então não é mãe que é assim. Assaz surpreendentemente:

é assim que é mãe
(as mães *são obrigadas* a ter esse jeito).
Assim se fecha a cadeia de transmissão dos sofrimento secretos, mal entrevistos e nunca falados, que contaminam quase todas as relações familiares, perturbando todos com a persistente sensação de
ameaça
– *Nem sei de quê*, dizemos (mentindo...);
– *Nem sei de quem* (sei muito bem, mas não posso dizer para ninguém, nem para mim mesmo).
É o temor persecutório de todos (Melanie Klein).

Não creio que ele seja endógeno nem fantástico. Ele se liga a *ameaças presentes* e torna-se fantástico (desligado do estímulo real), porque a sociedade (a mãe e todas as conversas do dia a dia) repete incansavelmente: os *pais não têm raiva dos filhos*. Assim, nenhum pai vê seus sentimentos negativos em relação aos filhos; mas estes sentem, e as demais pessoas veem facilmente. As crianças ainda não aprenderam a fazer de conta que acreditam na hipocrisia coletiva, e para elas

200 J. A. Gaiarsa

a raiva, muito real entre os pais e destes contra elas, *torna-se fantástica*, aterrorizante, pela sua negação coletiva e unânime (feita por todos). *Todos!* As posições sociais, como a de mãe, obrigam os indivíduos que as ocupam a manter sempre armadas suas atitudes coletivas, que coagem, *entortam* e sufocam todas as suas respostas individuais. Sufocam mesmo, oprimem o peito e pesam sobre os ombros, tornando, assim, a respiração difícil. Angustiam. O que gera mais hostilidade, mais revolta, mais desespero... Falo *do jeito de mãe* (pose, atriz, máscara) e *do jeito* da Margarida (que é mãe). Qual seria o jeito dela sem a posição? Como seria a Margarida se não estivesse sendo mãe? Como era a Margarida antes de ser mãe?

> *Educação (familiar, escolar, social) é coação sob*
> *ameaça – principalmente.*

Se o filho *está errado* porque *não fez o que deveria*, então posso coagi-lo. É meu direito. Que digo? É meu dever! Sagrado! Castigá-lo para que ele seja *bom, normal. Sobretudo normal: igual a todo mundo.* Que acontece com o filho?

> – Socializa-se – imobiliza os afetos em posições, *vira filho* (e mais nada);
>
> – automatiza-se – quase que só;
>
> – despersonaliza-se, passa a sentir – passa a *dizer* o que sente – o que se deve, o que é natural, conveniente e... maduro.

Mas ele não

se

sente, não sente a si mesmo, não tem a sensação de existir. Não está em contato com o Centro, com o *Self*, com o Tao. Vive de fora para fora, de ator para plateia; vive do que se *vê* – não do que se sente.

A raiva, que não existe, que por decreto foi banida, matou.

A criança morreu.

Cai o pano sobre o picadeiro.

Mas não é o fim da tragédia; ela tem epílogo.

Todo rancor-desprezo-ódio-ressentimento-inveja-frustração que não existe *entre os nossos* (entre os meus) volta-se de repente, ou pouco a pouco, *contra* o estranho,

o outro,

o miserável ou o marginal, meu cunhado, o proprietário, o patrão, o namorado de minha filha, o comunista, o vendeiro... Esses são os inimigos, os que de fato têm sentimentos muito baixos.

Deles é o ódio, o perigo, a traição, a baixeza.

São capazes de tudo.

Porque nós, aqui, vivemos tão bem!

Amém!

P.Q.P.

Exagero?

Então, por que Rascovsky, o decano dos psicanalistas argentinos, e Leboyer, de *Nascer sorrindo*, fundaram — e está funcionando, com estatutos e tudo o mais — a

Sociedade Internacional para Proteção
das Crianças Contra o Ódio dos Pais?

Creio estar descrevendo um processo sociobiopsicológico por ação do qual raivas, ódios, frustrações e agressões

individuais — na família —

passam ao serviço cotidiano, minucioso, automático e implacável da

Repressão Coletiva.

A Repressão Coletiva usa dois instrumentos principais para subsistir e... desenvolver-se (reproduzir-se): *a família* e...

202 J. A. Gaiarsa

a fofoca.

(Nove décimos do que as pessoas gostariam de fazer, mas não fazem, dependem apenas deste pensamento:

Que dirão os outros?)

E, pelo medo do que dirão os outros, eu não *me* realizo, continuo no Sistema, pactuando com ele e me fazendo mais um de seus agentes.

Voluntário?

Haverá alguma vontade aí?

Ou aí há apenas o

acontecer da História?

Dizemos, os melhores, que é bem a hora (talvez já seja tarde demais) de começarmos a *fazer a História* – em vez de *sofrê-la* (e nos destruirmos).

É hora.

Mas sem mudar nossas noções *coletivas* sobre a família – sem mudar todas as conversas usuais sobre ela e muito da sua legislação – creio que pouco mudaremos socialmente. Não sei, não ouvi e creio que não existe um *partido* (político) que se proponha a mudar a família!

PROMESSAS E AMEAÇAS

O ato complementar ao da ameaça é a promessa – último e triste reduto do desespero e da impotência humana, esforço trágico e ingênuo de excluir o risco de viver.

Mas você prometeu...

Pró – esse o prefixo impossível: *antes.* Dizer ou mostrar *antes* o que se vai fazer daqui a pouco, mais tarde, algum dia, durante muitos anos, para sempre... E eis que todos sabem como e controlam o futuro (com toda a facilidade). Basta dizer *Eu prometo* (e, onde há tabeliões, assinar *logo* em seguida) e fica tudo arrumado... O homem não vive de atos e não percebe as consequências do que faz. Vive de rotinas, de ameaças e de esperanças (promessa vaga...).

É o *fantástico – tão na moda hoje.*

A esperança é uma força política poderosa. Se no Brasil não houvesse loteria, creio (como tantos outros) que há muito teria havido revolução. A Esperança paralisa.

Mas ele prometeu, nove em dez vezes, traz implícito: *portanto não faço, não vou, não devo.*

Espero.

204   J. A. Gaiarsa

Os dois venenos que paralisam: a ameaça e a esperança. Com toda razão o Contrato, que é só promessa (dos dois lados), é tido como o ato exclusivo e típico do homem. Na verdade, é o ato que *fez* o homem: a convenção. No momento em que dois homens se encontraram – porque haviam prometido encontrar-se – perto daquela árvore para sair à caça, começou a convenção. A maior força e a maior desgraça do homem é esta: a capacidade *de combinar* com outro homem ações futuras comuns.

Os textos de minha área repetem, todos, o óbvio deveras ululante: as pessoas passam o tempo *todo* (todo o tempo *presente*) ocupadas com o passado ou com o futuro. Seu presente é a *pré-ocupação*, o estar ocupado (com as coisas) *antes* de elas acontecerem. É assim que, num jogo de palavras fácil, pode-se dizer que todos perdem o presente por nunca estarem nele. Pior: essa é a maneira dita, tida e havida (e cobrada) de *viver bem:* pré-ocupados com o futuro!

Mães, governos e patrões *vivem muito mais do que suas vidas* e podem muito mais do que suas forças, à custa de fazer e de exigir promessas.

Por isso – *por isso* – acreditamos todos em promessas. A promessa amarra e restringe tanto o presente quanto o futuro. Ela é um pecado grave contra a Liberdade. Exigir e fazer promessas é um dos mais eficazes modos de controlar o outro.

No Matrimônio (dito Sagrado), duas pessoas juram, diante de testemunhas (e de Deus!), que irão se amar a vida toda. Como pode alguém empenhar sua pessoa assim, inteira e para sempre? O Contrato funciona como tábua de salvação, ilusória tanto quanto o Bode Expiatório. Achado o culpado e feita a Promessa, está tudo resolvido – ninguém precisa se preocupar nem temer mais nada...

Não é bem a hora – esta, em que se entende essa loucura –, o momento de emitir um Grito Primal capaz de acordar a Cidade inteira? Como é que as pessoas *se amarram* assim mesmo, por inteiro?

A Promessa, como a Ameaça, é um modo de *reassegurar-se*; sua eficácia provém da aceitação Coletiva. Como todos fazem promessas e dizem acreditar nelas, continuam todos em paz.

Assim dizem... Mas é claro que ninguém vive em paz, e que a principal fonte de incerteza – e medo – das pessoas é uma ou ambas das duas seguintes:

– *O que será que ele vai fazer?* (Ameaça)

– *O que é que eu prometo para evitar o mal?* (Ou: *Que promessa exijo* – ou *faço* – *a fim de aquietar minha angústia?*)

Creio que muito do que se vem falando sobre o Fantástico e sua função na vida humana gira em torno desse binário de não fatos que tem força (não se pode negar) para mudar todos os fatos e para nos impedir de ver o que está acontecendo aqui-agora: o fato, o acontecendo – que não é ameaça nem promessa.

Ameaça e Promessa são as duas atividades humanas deveras mágicas, capazes de retirar o homem do tempo real e colocá-lo em outro, virtual, porém de todo entrelaçado com o que acontece, e na verdade influindo muito – demais – no acontecer.

Nesse sentido, o par dialético de *realidade* é *fantasia*.

Ninguém chama de fantasia as suas preocupações. Mas são tão hipotéticas quanto a realização ilusória dos desejos. O prometer é fácil, sabemos. É só dizer umas tantas palavras. Ameaçar também é. Então prometemos mundos e fundos, como se dizia antigamente.

Depois, começa a cobrança

– de fora: *Mas você prometeu!*

– de dentro: *Eu deveria* (ou: *Como faço para não cumprir – salvando a cara, porém?*).

Há dois erros fundamentais, tanto numa quanto na outra:

– em regra, prometemos em emergências, em momentos dramáticos, quando não sabemos mais o que fazer. Não tendo presente (não tendo presença), oferecemos futuro na barganha;

206 J. A. GAIARSA

– *dizer* que se fará assim ou assado e *fazer efetivamente* são duas coisas imensamente diferentes. O que só se descobre na hora de pagar a promessa... O pior: bom número de promessas se mostra, passado o momento, algo sem sentido, que será feito com pouco interesse e com pouca oportunidade. Mas o detentor da promessa a usa como meio de coação e controle do outro.

Mesmo quando não tem mais
interesse algum
em seu cumprimento.

Se compreendermos bem Ameaças e Promessas, teremos compreendido bem quase tudo que a Psicologia chama de

Projeção/Identificação,
Expectativas,
Transferência,
Pressupostos (de vida e de lógica),
Pensamento realizador de desejos,
Papéis simples e complementares,
Suspeitas e desconfianças,
Sensação de perseguição,
Interpretações – do analista,
            – da fofoca,
Insegurança.

Tenho para mim que a maior parte da nossa insegurança provém – como sempre – da discrepância entre

– *o que me dizem* – ameaças e promessas mil, ficando a infinita maioria delas, sabemos, assim mesmo, como frase e mais nada;

– *o que vejo* no outro, e que inúmeras vezes me diz: ele *não* fará nada do que disse, não está nele, não é dele, não é intenção dele, não está com jeito de quem vai fazer.

E aqui chegamos à Couraça Muscular do Caráter (CMC), outra vez!

TERMODINÂMICA DA OPRESSÃO

TRÊS HISTÓRIAS

Primeira: *De pequena, por vezes me vinha o seguinte pensamento: se todos respirarem muito, o ar pode acabar. Então eu ficava muito tempo tentando respirar o menos que eu podia, para que o ar do mundo não acabasse... Era uma angústia sem fim.*

Segunda: *Preciso segurar o peito para que ele não se abra. Se eu deixar de segurar, ele* [o ar, que em latim é espírito] *me encherá até explodir.* [E então ela se continha na respiração, e era uma angústia sem fim. Ela ficava dura no pescoço e no peito e, quando eu tentava mobilizar seu pescoço, ela quase entrava em pânico e me dizia: *Não! Não! Se eu relaxar o pescoço eles me estrangulam!* Na verdade, era a força que ela fazia *com o* pescoço e o peito *para não se deixar estrangular* que a estrangulava...]

Terceira (minha história): *Na adolescência, entre meus mil temores, havia um, raro, graças a Deus, que me dava um medo sem fim e*

208 J. A. GAIARSA

fundo, fundo: medo de ser enterrado vivo. É que eu estava sendo enterrado vivo – mesmo. Sufocado (como todos). Enterrado em meu corpo!

Pesadelo de adolescência: era um sonho dentro de um sonho. Sonhava que acordava e nem meu pescoço nem meus olhos conseguiam olhar para baixo. A sensação era por demais aflitiva. Eu me debatia e me esforçava para conseguir mover pescoço e olhos, mas eles não me obedeciam. No auge da angústia, acordo – de verdade. E não há paralisia. O pesadelo mostra: meu corpo começava a não me obedecer, a não me pertencer. Meu corpo estava sendo tomado pelos costumes de meu mundo, no qual "nunca se olha para baixo", o que envolvia, num ato só, coisas sexuais, de desprezo, de superioridade e de distância. Eu estava sendo enterrado vivo em meu corpo.

Em 1980, a palavra "energia", em Psicologia, fez-se termo por demais abusado para explicar tudo que não se entende. Parapsicologia, bioenergética, escolas esotéricas e espiritualistas sublinham e insistem no termo. O corpo humano tem energia, uma coisa, uma sensação mágica, misteriosa, que explica tudo.

É energia, ora, e o caso está encerrado. É energia, ora; é lucro, ora; é mãe, ora; Deus quer. É um jogar de todo o desconhecido em uma grande cesta de noções confusas. E é o começo da confissão de nossa ignorância inevitável, mas seria bom se não oficializássemos essa posição como definitiva ao dar-lhe uma "explicação" que é mais misteriosa que o explicado.

Falamos bastante do corpo, como prefácio ao estudo da couraça; queremos acrescentar aquilo que se sabe sobre ele em relação às transformações de energia. Vou falar um pouco da energia bioquímica (energia como a concebe a Física – mensurável), como essa energia opera no corpo vivo e como posso aprender a operar com ela (que sou eu).

O corpo pode existir:

– com emissão mínima de calor, como no sono profundo e sem sonhos;

– com emissão máxima de calor, como no exercício extenuante;

bem como:

– com eliminação mínima de gás carbônico (CO_2) e consumo mínimo de oxigênio (O_2);

– com eliminação máxima de gás carbônico (CO_2) e consumo máximo de oxigênio (O_2).

A diferença *de aceleração biológica* entre um estado e outro pode ser da ordem de três zeros.

O termo "aceleração biológica" parece viável. Ele se liga à Reserva Funcional dos órgãos e funções, conceito bem desenvolvido em Fisiologia. Podemos viver com dois terços de *um* pulmão, com dois terços de *um* rim, com um sétimo de fígado etc. Logo, todas as funções biológicas são superdimensionadas, na previsão de *momentos de hiperfunção*, ou função máxima (fuga, digestão, luta), e *momentos de hipofunção*, ou função mínima (sono, relaxamento, descanso).

Para nosso fim, preferimos o termo "aceleração biológica"; em certos momentos, *todas* as funções se intensificam.

Vamos recordar também que dois terços do encéfalo servem ao movimento – *e somente* ao movimento. Entre uma pessoa que apenas move os olhos e outra que corre a toda velocidade, a diferença no número de neurônios ativos é colossal. No caso da corrida desabalada, podemos crer que dois terços ou mais do cérebro estão em atividade. Será possível *mantê-lo* assim *sem* a corrida? Essa é a questão que estamos estudando, e creio que ela seja uma das questões *eternas* do homem; dela cuidam (sabendo ou sem saber) as ciências esotéricas, espiritualistas e orientalistas. Como desenvolver ao máximo *todo* nosso potencial?

210   J. A. GAIARSA

Outro bloco de fatos deve ser lembrado, relativo à hipóxia cerebral (baixa oxigenação do cérebro). Se, com um manguito especial de manômetro (como os de medir pressão arterial) colocado em volta do pescoço, produzirmos uma parada da maior parte da circulação cerebral, por estrangulamento *instantâneo* (porém macio), as pessoas terão sete segundos de consciência e logo depois desmaiarão.

Ninguém resiste mais do que isto:
sete segundos.

Mas note-se: o sangue venoso, em condições de repouso, volta para o coração com dois terços a três quartos do oxigênio com que deixou o coração. Logo, no experimento citado, *não* se interrompe *toda* a oxigenação cerebral. Se se interrompesse, é provável que as pessoas não tivessem mais do que três, dois ou um segundo de consciência. As funções mais diferenciadas do Sistema Nervoso – as que são mais afetadas pela falta de oxigênio – são:

consciência plena – a vigilância, o alerta (córtex),
coordenação motora fina (córtex e cerebelo),
comportamentos de equilíbrio – orientação (cerebelo),
visão e audição (córtex),
tato e verbalização (córtex).

É por isso que na crise de ansiedade, quando também falta oxigênio no cérebro, a pessoa sente que cambaleia ou oscila (equilíbrio), que não se controla (movimentos finos), que a visão escurece, as vozes vêm de longe, as palavras saem borradas e o corpo parece anestesiado.

Recordemos outro fato paralelo e igualmente de suma importância: o cérebro pesa apenas 2% do peso do corpo, mas consome habitualmente 20% do oxigênio usado pelo corpo todo.

A ventilação pulmonar, que em repouso é de mais ou menos 7 litros por minuto, pode chegar a 150 ou mais no atleta treinado. Veja-se que gradiente enorme de extremo a extremo. E mais: a ventilação pulmonar é de 6 a 7 litros por minuto, mas o *consumo basal* de oxigênio é de apenas 250 cc por minuto, quando estamos em repouso; isto é, dos seis litros de ar inalados (21% do ar é oxigênio), só um quarto foi usado. Quando começa o exercício, esse aproveitamento cresce rapidamente.

O nível energético *mensurável* da personalidade varia, portanto, entre limites muito amplos.

Qualquer elemento da Couraça – qualquer grupo de tensões musculares crônicas – tem dois efeitos distintos: reprime/exprime especificamente certo desejo e, ao mesmo tempo, restringe a respiração; abafa ou sufoca (ao prender).

Agora combinemos esses fatos.

As pessoas respiram habitualmente

o mínimo necessário para viver.

Suas funções cerebrais mais finas e discriminativas vivem embotadas. É assim o *sonambulismo crônico* do Homem Normal (o alienado).

Outra situação, de alta frequência – desta vez social –, influi nesse sonambulismo. É o tédio, segundo fator da hipnose cósmica.

A criança ouve, em casa e na escola, um mundo de frases, conselhos e informações, quase todas sem interesse para ela; muitas, inclusive, sem sentido. Essas frases são *repetidas* milhares e milhares de vezes. A depender da maior parte dos adultos, quanto menor a variedade de interesses da criança, melhor.

Não se mexa tanto é o mandato universal *contra* a criança. Se ela ficar sempre por perto, é um aborrecimento e uma irritação, mas é

212   J. A. GAIARSA

        também

           um sossego

    (assim mamãe não se preocupa).

Um mundo pequeno
  cercado de mil medos,
    com mil frases sem sentido,
      repetidas milhares de vezes,
        é o que há
          de menos interessante

              neste mundo – diante
da amplitude da curiosidade das crianças.
  E a criança se entedia, enjoa e não presta atenção
      a mais nada.

            Entra em transe.
  O transe do tédio, mais a hipóxia cortical, gera o
      hipnotizado

             que obedece automatica-
mente – sem interesse e sem crítica – a tudo que lhe for mil vezes
repetido, tenha ou não sentido ou função. É assim que se faz a
gravação da Análise Transacional, gravação que de muitos modos
se confunde com o superego freudiano: a *voz* da consciência. É
também a voz da *propaganda*, razão de sua força.

*Não confunda a voz da consciência com o olhar da consciência, que é outra
coisa.*
Essa situação, por si chocante, piora muito se considerarmos que a
maior parte dos adultos que circulam próximos à criança:
  – vive primariamente por obrigação, com coeficientes mínimos de gosto, interesse, prazer, brinquedo;
  – fala o que falam quase todos, os mesmos assuntos, não raro no
mesmo tom e com idêntica encenação.

A INCONSCIÊNCIA COLETIVA   213

Autômatos movidos por ameaças e promessas. A lenda dos
zumbis não é lenda.

Aos 8 anos de idade, meu filho Flávio começou a procurar a
companhia de crianças menores, voltou a alguns brinquedos que já
havia deixado e até ensaiou jeito de criança na voz. Perguntei-lhe
se não queria crescer e ele disse que não. Tentei mostrar-lhe algumas vantagens dos adultos, mas ele não se deixou convencer;
quando chegamos ao famoso *Por quê?*, ele me surpreendeu:
*Não vejo em volta de mim nenhum adulto que eu gostaria de ser. Os
adultos são muito chatos! Todos!*
A contragosto aceitou que eu e um de meus amigos éramos um
pouco menos...

É razoável admitir que para cada nível de oxigenação cerebral
existe um nível de consciência (mental), de percepção, de elabo-
ração, como se queira. Freud estudou apenas a entrada energética,
o aparelho digestivo e o dispêndio energético sexual – se falarmos
em termodinâmica animal. Freud deixou à parte a respiração e a
motricidade. Ele explorou a fundo a dependência humana (alimentar e sociofamiliar), mas não se deteve em duas funções que
regulam livremente a inalação do oxidante e a velocidade do me-
tabolismo energético.

Digo que essas funções são livres porque, dentro de ampla
medida:

– posso respirar muito mais do que respiro – *por querer*;
– posso me mexer muito mais do que me mexo – *por querer*.

O controle adequado, a autonomia e a independência da personalidade só podem ser discutidos quando a personalidade deixa
de ser... *sub*desenvolvida (quando começa a *respirar mais*).

Quando fazemos a lista de nossas dependências, a personalidade
é sentida, com toda razão, como

214 J. A. Gaiarsa

passiva,

reativa,

vítima,

culpada,

oprimida,

escrava dos impulsos e repressões.

O desenvolvimento da Personalidade se faz pela passagem desse estado para seu contrário, o que envolve gradual voluntarização dos atos, a passagem de

paciente a agente;

vítima a agressor;

passividade a iniciativa;

opressão a expansão.

Só vivendo os *extremos* sou capaz de, depois, ficar no meio – equilibrado. Se eu quiser!

Essas velhas noções, tão familiares aos velhos moralistas que estudavam o caráter a fim de fazê-lo *bom*, ficaram muito esquecidas em Psicanálise. Creio que é tempo de readmiti-las, com as novas roupagens que estou mostrando.

Tomar consciência do inconsciente não basta. É preciso *tornar voluntário o involuntário*;

– senão, *não me faço eu*;

– *não há* um *eu* que *faz*;

– não consigo *posição* própria;

– não consigo ter *personalidade*;

– *não consigo fazer o que eu quero*

(o que eu gosto e preciso).

Nenhuma dependência é pior que a indecisão – dependência em relação a quem escolhe por mim. É a autoridade, o pai, Freud, o governo, a Igreja, Deus...

A obediência à mesma Autoridade (Pai) gera a uniformidade (dos filhos). Como pai (chefe), até agora, só tem existido *um* por

A INCONSCIÊNCIA COLETIVA 215

vez, começa a competição para ver quem fica como o pai. Gerou-se a escala de poder.

Leia-se e verifique-se a frequência destas frases:
- *Foi ele que me obrigou;*
- *Foi por causa dele;*
- *A culpa é dele;*
- *Ele não me deixou alternativa;*
- *Ele que deveria;*
- *Freud disse...*

Isto é, eu não tenho – meu eu não tem – nenhuma iniciativa nem controle: sou sempre levado, forçado, seduzido, induzido, coagido, *obrigado*. Em um segundo exame, percebe-se que a limitação da respiração e dos movimentos *não* é *autoimposta*; é uma forma de coação social, de maioria e de autoridade *nunca denunciadas* – e por isso das mais eficazes.

Há muito o Oriente sente/sabe do valor dessas coisas. (A pessoa oriental estava mais interessada em ser e desenvolver-se do que em falar sobre.)

A bioenergética, apoiada em Reich e partindo dele, vem explorando clinicamente essas possibilidades.

Feldenkrais revoluciona a pessoa mudando seu movimento.

Ida Rolf alinha o corpo das pessoas, e elas mudam de personalidade.

Ante esses grandes blocos de fatos, as opiniões se dividem:
- uns, de inspiração psicanalítica, considerarão o corpo simplório demais para *exprimir o inconsciente*;
- outros considerarão as sensações naturais como... parapsicológicas, porque elas não cabem dentro dos quadros verbais e ideológicos aceitos.

216   J. A. GAIARSA

Reich, com sua habilidade em conceber e isolar mecanismos psíquicos (aprendeu como psicanalista), colocá-los em palavras, perceber expressões faciais e gestuais e dar-lhes nomes, criou um *sistema transdutor*. Em termos de denominação e descrição de posturas/atitudes, que são objetivas, visíveis, descreve-se o subjetivo, o modo de perceber/ estar no mundo. Descreve-se, *com a mesma base*, o social, que é primariamente modelador de atitudes (e não de opiniões).

Os modelos de personalidade obedecem às exigências sociais e são, para o indivíduo, invariavelmente, enquadramentos restritivos. Quanto mais fanaticamente seguidos – ou exigidos –, mais restritivos.

E para o opressor nada?
É preciso dizer – e bem alto –
que o *opressor*
não respira melhor que o oprimido.
Nem se mexe muito mais:
– para controlar é preciso controlar-se.

A posição dita socialmente superior envolve coisas ou quantidades grandes, que pesam. É bem diferente decidir o que fazer com cinquenta reais e o que fazer com um milhão de dólares – quando se pode perdê-los numa decisão mal tomada. Envolve fazer mil coisas que frustram e contrariam muitas pessoas, que despertam ao mesmo tempo inveja, ressentimento, despeito e rancor, o que é *muito ameaçador*.

O opressor se sente tão oprimido quanto o oprimido. A vantagem do opressor é dispor de satisfações de que o oprimido não dispõe (Privilégios).

Mas, ao se dar prazer, o poderoso quer aquelas coisas exclusivas que não existem, que o do lado tem igual e ele sofre quando não tem só para si. E sofre muito – e sempre – com a competição, com o que o outro tem e com o que ele imagina que o competidor fará, inclusive no lazer. A inveja secreta dos ricos é tão amarga quanto a inveja dos pobres, só que é *outro* amargo. Ele, que tem tudo (!), não tem aquilo! Não é uma injustiça... social? Além do mais, e sabidamente, a riqueza *não é* proteção eficaz contra a doença, a morte, o acidente, a perturbação emocional, a infelicidade familiar.

A família pequena, sem sentido e tediosa, continua na escola, com suas mil noções e sabedorias inúteis; no trabalho por demais dividido e automatizado e, então, alienante; na diversão padronizada e sobretudo na conversa inútil de toda hora, feita apenas para que o Cemitério não fique silencioso demais...

Tudo bem!

Tédio, depressão (baixa vitalidade) e tristeza são estados emocionais por demais frequentes em nosso mundo e *sobre os quais nada se diz.* "É feio" mostrar claramente ou declarar esses estados, *a menos que* a declaração seja transformada em queixa, acusação ou crítica. Se a mãe vir o filho triste, é bem provável que assuma a tristeza dele como culpa própria.

O tédio é tido, tradicionalmente, como doença de gente rica, daquelas pessoas que não têm mais o que desejar porque já têm tudo. É o que se diz. É, antes, o estado dos que têm *tudo que a maioria deseja* e, além desse tudo, não têm imaginação para desejar outras coisas, ou têm receio de ter/fazer o que poucos fazem.

Muito da extravagância dos ricos provém daí, do *desejo* de mostrar-se (exibição, ostentação, *exibição de poderio*) e do medo de fazer coisas *muito* fora do comum. Consequência: fazem o comum (casa, carro, trajes), mas o fazem o maior e o mais extravagante possível!

O que é claro desde sempre é que o único modo de evitar o tédio, do rico e do pobre, é desenvolver a sensibilidade (e/ou a concentração; não há percepção fina sem atenção mantida).

218   J. A. GAIARSA

A frustração da sensibilidade, seu gradual embotamento, traz como reação a compulsão do acúmulo quantitativo ilimitado que não satisfaz (se satisfizesse, a pessoa se limitaria).

"Ter muito" é a defesa contra "apreciar pouco", ou porque a pessoa não tem sensibilidade ou porque – conforme ela diz – *não tem tempo...*

Jung já tentou o confronto entre o conceito de Perfeição ou Plenitude de vida conforme visto pelo Ocidente e pelo Oriente.

No Ocidente, a ideia de perfeito faz supor muito esforço empregado em uma só direção – formação do especialista, do rico, do latifundiário, do "nobre", do técnico, do cientista. É o que faz *muito* em *uma só* direção ou em função de *um só* benefício (dinheiro, conhecimento, técnica, arte, artesanato).

O limite da perfeição ocidental é a linha de montagem na qual, segundo Carlitos, a perfeição consiste em apertar dois parafusos em três segundos.

No Oriente – e para o primitivo –, a perfeição é fruto do desenvolvimento global: é a pessoa que vive, caça, pesca, constrói sua moradia, planta, colhe, canta, dança... e trepa muito bem (suponho!). Faz um pouco de tudo.

Para mim, o problema crítico está *na atitude:* se só faço – e *muito* – uma coisa, *meu corpo* se especializa e começa a se diferenciar cada vez mais na mesma direção. Fico cada vez mais apto para umas poucas coisas e cada vez menos apto para todas as demais. Esse é o conceito de Neurose para Jung. Eu gosto e uso. O muito trabalho, nesse caso, gera muita dependência em relação a tudo que a pessoa *não* faz.

Nos esportes, essa declaração é muito fácil de verificar; facilmente separamos pela *forma do corpo* o nadador, o halterofilista, o dançarino clássico, o ginasta olímpico etc.

Os especialistas (de ciência, de profissão, da riqueza, da acusação, da vitimização) *preferem ignorar* tudo que *não* fazem, mesmo que necessário; no mesmo ato, vão se fazendo cada vez *mais capazes* de *perceber melhor* e mais *rápido* tudo que se liga a seus interesses dominantes

A INCONSCIÊNCIA COLETIVA   219

(*vencer na vida*). Aí temos as condições sociais que favorecem – e na cidade grande *exigem* – a formação de Couraças Musculares do Caráter profissionais.

Já vi um administrador de empresas discutir com a mulher os problemas conjugais *em termos* de uma organização de trabalho. As mesmas frases, os mesmos tons de voz, os mesmos argumentos que ele usaria com seus funcionários eram usados por ele com a mulher. E o problema conjugal continuava – é claro!

É tradicional a comédia que gira em torno da declaração de amor do matemático.

Determinado paciente, na certa deprimido e inseguro, não conseguia persuadir-me nem de uma coisa nem de outra! *Diretor de Vendas*, expunha seus lados negativos *ao modo* de quem exalta a qualidade de seus produtos!

Um homem sombrio e desconfiado (parecia um Conspirador), ficou assim por ser Auditor de uma grande firma. Era temido e odiado por todos em função de seu trabalho. Eu lhe disse isso. Mas o papel de Perseguido era muito bem pago e ele preferiu continuar a comportar-se e a sentir-se como um Conspirador. Todas essas pessoas têm uma só vida, pequena e pobre. Vivem encaixotadas.

No extremo oposto, temos os gurus modernos. Em regra, trabalham *meio mês* com pessoas interessadas no próprio desenvolvimento e descansam meio mês, viajam muito e *sempre têm tempo* para cuidar de si mesmos. Funcionam como modelos de vida para os outros.

Vamos discutir agora um ponto básico proposto por Reich, ponto com o qual não concordo.

É a autorregulação, formoso ideal que anima não só as páginas de Reich como as de muitos outros teóricos de nosso mundo desde Rousseau. A autorregulação biológica – faço sempre e somente o que se propõe agora – é boa para os animais. Eles são assim. Mas, no homem, a autorregulação o faz animal outra vez. O que é ótimo. E péssimo.

220 J. A. GAIARSA

Para quem nunca foi um bicho saudável, fazer-se assim é uma conquista, um ideal e uma beleza. Para quem nunca deixou de ser, ou para os que já são há tempos, ser apenas um bicho saudável é um tédio só – ou uma infância eterna. A eternidade é maldição, seja a de terrores (inferno), seja a de delícias (céu).

O homem não pode deixar de escolher

– o tempo todo;

– a cada instante.

(Só ao escolher e *enquanto* escolhe o homem pode *sentir-se* livre.)

Praticamente *todas* as psicoterapias (e as experiências religiosas e com tóxicos, os dramas, as loterias da vida) produzem

inicialmente

muitos efeitos que logo começam a se desfazer,

– se *se deixar* de *cuidar.*

O próprio Rolfing, experiência bastante impessoal e mecânica, não produz efeitos permanentes.

Nenhum sistema de massagem ou ginástica é *bom* para *sempre* (nem uma oração, respiração, meditação ou o que seja). Se me prendo a um sistema, *estou preso* e dali não saio – a menos que comece a fazer outra coisa.

Cada Sistema é uma Couraça, com seu mundo de representações, seus gestos/posições, sua respiração. Uma estrutura.

Podemos ser muitos Sistemas e, se formos um só, nós nos ressentiremos disso.

Logo, o par dialético da

autorregulação

é a *vontade* (a liberdade).

Nem bicho de vez, nem gente de vez, mas combinando o que eu quero com o que eu preciso, limitando um pelo outro.

É *durante* o contato corporal vivo e prazenteiro que a escolha de *como fazer* se torna crítica. A premência natural (animal) nos empurra fortemente para o orgasmo (para a ejaculação, reprodução).

Conter essa premência é um dos ideais da vida monástica e religiosa (de muitas religiões). Mas "conter" é termo equívoco. Conter pode querer dizer parar, opor-se de todo, segurar de todo, como pode significar um ato (de conter) que se prolonga, como quando freamos um carro ao longo de uma descida.

Aí o conter é regulado/regulante.

Ou como quando contemos um balde que vai descendo pelo poço.

Ou, enfim, como nos contemos ao descer uma rampa íngreme. Essa é a diferença entre Repressão Sexual do Ocidente (que visa a *suprimir* o sexo) e Controle Sexual do Oriente.

Em formas sexuais de ioga, usa-se a *premência* sexual como força e aprende-se a contê-la *nos limites do prazenteiro, sem ejaculação* e sem queda de excitação. O que era para explodir fica permanentemente como estopim queimando.

Essa premência existe, semelhante, na micção e na evacuação, e também aí pode-se aprender a deixar sair aos poucos, devagar. Mas o ato não é prazenteiro. Antes, é penoso.

Também no sexo é penoso retardar, mas é também prazenteiro! A situação sexual – a dois ou a um (masturbação) – pode ser usada *para aprender a controlar o nível de aceleração orgânica desejada.* A correlação entre segurar e soltar, de um lado, e a continuidade da respiração, de outro, é das mais fundamentais.

SUGAR BLUES[1]
(PROPOSTA DE TRADUÇÃO: GLICODEPENDÊNCIA)

Terminado meu texto, leio o justamente famoso *Sugar blues*. Nele encontro mais um elo na cadeia que dificilmente poderia ter outro nome que não fosse *sinais de degeneração* da espécie humana: os produtos alimentícios (!) purificados e seus derivados, que perfazem com certeza 80% dos alimentos que se encontram nos supermercados.

Vilões máximos: açúcar puro e farinhas refinadas, de qualquer cereal (falta de fibras vegetais não digeríveis).

O açúcar puro foi poderoso fator da História Econômica do mundo e das Américas; omitir em uma História da Civilização o que aconteceu com ele é crime de lesa-humanidade – por omissão.

Nenhum povo primitivo – ou criança, e até muitos animais – que veio a conhecê-lo deixou de se apaixonar por ele.

Mas a pergunta crítica não é respondida pelo livro: por quê, como, de que modo o açúcar se fez o *vício universal* que é?

---

[1] W. Dufty, *Sugar blues*, São Paulo, Ground, 2005 (livro em português!).

O autor mostra de modo convincente que o gosto pelo açúcar é uma toxicomania tão bem caracterizada quanto o alcoolismo ou o tabagismo, com seus efeitos patológicos de curto prazo (glicodependência), de médio (hipoglicemia: baixa taxa de açúcar no sangue) e de longo prazo (diabetes). O fato mais esmagador do relato é: 48% de uma grande amostra estatística do povo dos Estados Unidos é de pessoas com sinais clínicos bem definidos de hipoglicemia. (A estatística foi organizada pelo Departamento de Saúde dos Estados Unidos a fim de saber dados médicos da população, sem alvo específico.)

Vejamos o que as sensações corporais nos dizem a esse respeito.

Um bocado de açúcar na boca produz uma sensação
doce
– *derretendo*;
– e entregando-se – e desmanchando-se;
– e soltando...

Orgasmo liberador com ponto de partida oral: oralidade pura! (*Total* dependência...) É um orgasmo de reasseguramento, daqueles que "dizem"
Que alívio (passou... o medo)!
(Como posso estar com medo se me entrego e me desarmo desse jeito?)
Só que o medo volta.
Porém – e Graças a Deus! –, açúcar haverá para sempre e para todos. Bocado de açúcar – momento de Paraíso.

O doce da cama (o orgasmo derretido de Reich) é bem mais difícil. Só o experimenta quem goza da Graça Divina – e praticou muito, com muito empenho e muito a fim de aprender.

224 J. A. GAIARSA

Mas, às vezes, é doce mesmo, como se todo o corpo sentisse um gosto de açúcar. Simples coincidência, na certa. Quem sabe, até, vícios paralelos – ou complementares!

Há outro modo reichiano de compreender o apego ao açúcar com função de tóxico (de anestésico contra as agruras da vida). Duas das respostas mais frequentes à frustração crônica são

amargura

e *azedume.*

É comum a todas as línguas neolatinas e anglo-saxônicas o duplo sentido destas duas palavras: o amargo *sensorial* de quem põe uma substância amarga na boca e o amargo *emocional* da frustração, do desencanto, da desilusão, da descrença...

Reich nos ensinou a ver – *a ver:*

a *amargura* é uma expressão da boca, da língua e da garganta, fácil de identificar no outro e de sentir em si mesmo. Trata-se de uma *posição* crônica dessa região, de um conjunto de tensões musculares

que estão sempre aí.

(É também a expressão de quem começa a chorar de raiva e para no começo.) Se à tristeza se acrescentam sentimentos de humilhação e ressentimento, então o amargo (que é principalmente mágoa e rancor) se faz azedume.

A amargura é o retrato e o documento de todas as frustrações que a pessoa sentiu, que lhe foram impostas

e agora, sem saber como nem por quê, ela *continua* a *se* impor, não se permitindo rir, simpatizar, querer, sentir-se feliz, desejar (para ser capaz de sentir desejo, é preciso que os lábios estejam soltos).

E podemos completar o silogismo já óbvio:

o açúcar dissolve (o efeito é de todo visível)

todas as tensões musculares responsáveis pela expressão de

amargura

de modo radical e *instantâneo*.

O açúcar se faz, assim, dentre todos os anestésicos (alienantes) socialmente aceitos, o maior "apagador" da sensação/sentimento de frustração crônica.

O açúcar é o ópio do povo...

Com suas frustrações tão fáceis de "resolver" (!), mesmo que apenas por uns poucos minutos, o homem qualquer de hoje acaba aceitando condições de vida que – ele *sabe* – já há tempos o estão matando, e o matam cada vez mais depressa, física e moralmente.

É preciso citar mais testemunhos. Dr. Celso Pelicia, baseado em 50 mil checagens de saúde com cerca de 200 provas de laboratório cada uma: *As mães, na cozinha, matam mais filhos do que o câncer e a motocicleta juntos.* As mães querem que os filhos comam *muito e sempre.* No entanto, em regra, não têm a menor crítica, o menor interesse em saber os princípios mais comezinhos de nutrição e despejam toneladas de óleo e de açúcar sobre os infelizes rebentos (docinhos, creminhos, mingauzinhos, todos altamente nutritivos – demais –, todos sem complementos: vitaminas, fibras; tudo sem a menor medida ou controle).

Quanto mais asfixiado, imóvel e envenenado (desculpem o drama – ele existe), mais facilmente o oprimido aceita a opressão. Não tem como se opor a ela.

Não tem nenhuma vontade de viver. Começa a morrer desde que nasce.

Há algo, porém, que perturba e torna incertos os argumentos apresentados em todas essas acusações proféticas negativas de que

226 J. A. Gaiarsa

os homens estão degenerando. Como nossa memória real (realista, a que traz a imagem *e* as sensações *e* as emoções...) não é melhor que a de um chimpanzé, nós repetimos eternamente nosso drama insensato. Se sentíssemos de verdade nosso sofrimento e fôssemos fiéis a ele, não nos alienaríamos.

O sofrimento é, quase tanto quanto o prazer, um profundo elo com a realidade e um profundo estímulo para a luta. *Por isso é tão importante reprimir tanto o sofrimento quanto o prazer.* Ancorados em um, no outro ou em ambos, neles encontraremos forças para resistir – se for preciso (na certa é). Por isso nos viciamos em anestésicos. Sofrer dá trabalho. É incômodo. É chato. Mas, quando os profetas da desgraça nos vêm dizer que nossos vícios nos estão matando, então lhes respondemos assim: vá, mostre alguém que morreu chupando uma bala (comendo açúcar), que morreu por estar sentado e sem se mexer (imobilidade), ou porque assistiu a um filme inteiro de terror *quase sem respirar*, ou porque bebeu quatro cervejas na noitada.

Não se morre *de repente* por causa da respiração mínima, da imobilidade ou da má alimentação. Nossa maior desgraça é a incrível capacidade de nosso corpo tolerar maus-tratos e abusos de toda ordem e ainda sobreviver, como no caso de campos de concentração, minas de carvão, destruição atômica, cápsula espacial, linhas de montagem, casamentos sem sentido. Por isso esses abusos são tolerados por muitos e muitos anos (porque nosso corpo é uma coisa espantosa), até ressurgirem pouco a pouco como *moléstias degenerativas próprias (!) da idade* que, na verdade, aparecem quando o abuso durou demais. Como se sabe, essas moléstias, até o presente, encontram na medicina oficial apenas paliativos; têm todas elas um curso inexorável para a morte – e morte ignominiosa, como se dizia antigamente, morte aos poucos, em tortura lenta, na certa, justa vingança de um corpo que durante a vida toda foi torturado e maltratado.

O cortejo fúnebre: a Grande Morte Lenta chamada arteriosclerose; a hipertensão arterial, bomba cardíaca pronta para explodir a qualquer instante; o diabetes; as torturantes broncopneumopatias, velhas de muitos decênios; a cirrose hepática, fim de tanto abuso alimentar; os reumatismos entrevantes; os tumores malignos... A morte do cidadão no hospital ou no leito de invalidez não é a morte rápida, de surpresa violenta, tão temida por todos. Ela é lenta e torturante.

Eu me nego a crer que essas mortes sejam naturais para nós. Essa é a morte convencional – não é natural.

É a morte *produzida* pela pressão/compulsão social, pressão que é modelada e modela as convenções, os costumes e contratos sociais.

Morte convencional.

Morte sem vida.

Nem a morte é viva – maldição!

FEROCIDADE
(AGRESSÃO REPRIMIDA)

A palavra me veio à mente, sozinha e com força, quando me vi frente a frente com um feroz cão pastor alemão, grande e preto, anos atrás.

Ele estava preso à corrente, com o dono a segurá-lo. Não havia perigo. Eu estava com um abrigo esportivo de cor bem diferente das roupas usuais. Nossos olhares se cruzaram, os dois imóveis, e eu desviei os meus olhos – de medo.

Naqueles poucos instantes em que nos olhamos, eu

vi

que, se ele estivesse solto e me percebesse de modo negativo, ele faria,

– instantaneamente –

tudo que pudesse

para me matar.

Creio que a ferocidade dos animais é isso.

Nos combates vitais, ninguém dá quartel nem vantagem a ninguém. Os oponentes *fazem tudo que podem*, no menor intervalo possível de tempo, para seguramente matar o outro – ou para livrar-se e fugir.

A INCONSCIÊNCIA COLETIVA 229

Ataque e fuga são igualmente velozes e violentos.
Mesmo os tigres – os maiores caçadores que já existiram – erram ou perdem onze investidas em cada doze tentativas.
Dar tudo que tem quer dizer:
velocidade,
habilidade
e
força.
A lição do cão ficou em mim.
Sentia-me diminuído pela minha grave incapacidade de usar toda minha força. Eu não seria capaz de fazê-lo e
por isso
sucumbiria se o animal me atacasse, não por ter menos força, talvez nem mesmo por ter menos habilidade, e sim porque, no caso de ser atacado, eu seria incapaz de dar tudo que poderia – sem escrúpulo, sem culpa, sem vergonha, sem piedade *e sem medo!*
A lição ficou.

Muitos meses depois, vêm-me caretas variadas ao rosto, e eu deixo que elas se façam. Com elas, retorna à minha mente uma velha dúvida: se é verdade que cada ser humano se assemelha a um animal, com qual animal me pareço?
Tenho a tendência a achar que é o cão.
Não gosto de cães, mas,
– pensando em meus sonhos (onde apareciam);
– pensando no som de minha voz quando estou com raiva (rosnado rancoroso);
– pensando na minha irritação, por vezes incontrolável, quando há por perto um cão ladrando insistentemente;
– pensando na fobia por cães da qual sofri em velhos tempos;
sou levado a concluir que o cão deve ser importante para mim.
Por escolha, eu gostaria de ser tigre.

230   J. A. GAIARSA

As caras em meu rosto (metade inferior, isto é, boca) aos poucos iam parecendo com as dos felinos quando urram, descobrem as presas, rosnam ou mordem. Um dia, o movimento começou a se espalhar pelos braços, e as mãos começaram a fazer movimentos muito semelhantes aos das patas dos felinos (que projetam e retraem as unhas à vontade). Esse movimento de patas de felino havia começado, porém, muito antes, durante exercícios de estiramento com o tornozelo e o pé.

Aí, deitado de costas, com a coxa junto ao peito e o pé no ar, eu fazia extensões e flexões alternadas dos dedos sobre o pé e do pé sobre a perna. Nesse movimento, visualizar o que acontece com as patas posteriores dos felinos quando andam ajudou-me a realizar o movimento com maior precisão e facilidade.

Mas, cada vez mais, "patas" e "caras" me levavam para o leão, não para o tigre.

Astrologicamente sou Leão!

Acho o leão pesado, indolente e irascível. Meio estúpido.

Um dia (dois a três anos após o encontro com o cão), estava passeando por um jardim e ocorreu-me a fantasia de subir uma rampa de grama fortemente inclinada (45°), de quatro, imitando um grande gato...

Foi a primeira vez que subi com prazer cerca de dez metros de caminho! Ao me pôr de pé de novo, senti uma sensação no peito que nunca havia sentido antes. Era forte, ameaçadora, não era dor e demorou vários minutos. Não era angina de esforço – que eu conheço. Estou mais ou menos treinado a fazer exercícios desse tipo. Era outra coisa.

Ao mesmo tempo, peito e costas pareciam se abrir e me ficou uma curiosa e agradável sensação de ter feito algo muito bom e "certo", algo que ver com a aceitação/assimilação do leão.

Voltei à rampa mais duas ou três vezes e, no fim, conseguia movimentos bem próximos aos de um felino.

A INCONSCIÊNCIA COLETIVA **231**

As caretas (no rosto) continuavam a se propor frequente e espontaneamente. Eu as fazia, "entrava nelas", por vezes até as exagerava.

Pouco a pouco, ia chegando aos limites *de força* desse movimento. Tinha fantasia de gato grande caçando e cheguei a sentir vivamente o prazer do gatão quando crava as presas no pescoço da vítima e lhe moe o espinhaço – com sangue quente a escorrer por entre os beiços do predador...

Um dia, retornaram as caretas e aí, em certo momento, percebi que atingi meu limite

no esforço de abrir a boca

e

no preparo mais do que tenso
para fechá-la com
toda a força de que dispõem
meus músculos mastigadores.

A ferocidade, enquanto falamos de boca e garras, é exatamente isto:

esforço *máximo* de contenção-abertura-espera,
que leva engatilhado, armado, pronto, o movimento de
fechamento com força total
(dentada/mordida).

Um dia antes, na fantasia, eu manejava um machado. Além do gosto e da beleza do gesto, veio à minha mente, com força própria: *Será que é contra alguém?* Aí, surgiu uma pessoa, uma mulher com quem tinha vivido alguns anos. Diante dela, com frieza e precisão, desci várias vezes o machado bem verticalmente e, a cada vez, ele a abria num corte vertical que dividia seu corpo em pedaços. Após vários golpes, dei um final horizontal, decapitando-a.

Nessa fantasia, não havia prazer nem escrúpulo.

Havia decisão.

232 J. A. GAIARSA

Quero dizer que essa pessoa não despertou em mim no passado nem desperta no presente ódio que esclareça a fantasia.

Cerca de meia hora depois, tive a fantasia complementar: vi-me – coloquei-me e senti-me – no centro de mil chicotadas e facadas, todo encolhido e dolorido!

Agora compreendo o que acontece quando se solicita das pessoas que *exprimam* a raiva que estão sentindo. É preciso exprimir a raiva

a fim

de fazer o que é necessário:

– para se defender, para se impor, para se garantir o direito de ser o que se é – ou o que se pretende.

Mas, para *aprender a usar* a raiva, é preciso chegar até lá: ao esforço de boca bem aberta e mais do que pronta para fechar-se com toda a força – com *toda* a força que a pessoa tem e com toda a força *realmente* aplicada à mordida, ao rasgar e estraçalhar as carnes da presa.

Só se eu aprendo a

controlar/usar

as contrações musculares *máximas* é que, *depois*, aprendo a aceitar, a deixar fluir e a aproveitar a raiva.

Muitos anos atrás, na imaginação, eu me via em um templo com quatro imagens: três eram mais ou menos humanas na forma e no tamanho; a quarta, que eu chamei de Deus do Ódio, da Maldade, era sete ou oito vezes maior que as outras, mesmo estando sentada (as outras estavam em pé). Essa imagem era a de todo meu ódio impotente; eu quase não fazia outra coisa que não fosse contê-lo, e nisso eu consumia o melhor de mim:

aguentando.

Não sabia usar minha raiva. *Sofria* com minha raiva – era objeto dela – e me torturava. Muito!

A INCONSCIÊNCIA COLETIVA   233

Depois, havia a espada do samurai que me fascinou pelo corte
e pela leveza.

Com o tempo, aprendi que o golpe agressivo tem de ser:

na hora,

rápido,

decidido,

preciso.

Só não precisa brigar e só não fica preso em brigas sem começo
nem fim quem é capaz de perceber

quando

a raiva surgiu – em um momento só, durante um só instante, no
olhar, na voz, no gesto. É aí que é preciso percebê-la,
em si ou no outro,

e brigar

logo,

senão a briga acumula, fica feia, pesada, confusa; machuca e não
adianta nada.

Educar a agressividade e/ou liberá-la da repressão consiste em
recuperar, primeiro, toda a ferocidade que temos. Depois, em usá-la
com sensibilidade igual à dos animais. Perceber logo, quando ainda
longe a ameaça, ou quando ainda leve, e aí dizer (ou mostrar):

Isso não. Assim não. Percebi. É contra mim.

Estou pronto para a briga.

Inteiro.

Já.

É bem a espada do samurai, sua prontidão, sua precisão. Dizer
(ou mostrar) *Sim* ou *Não* no momento exato. Só isso.

O resto é *show*, como as "grandes" manifestações inócuas de raiva, as "terríveis" brigas familiares que se repetem semanalmente, ou

234 J. A. GAIARSA

como as grandes convulsões emocionais desatadas pelas técnicas de Bioenergética, que deixam o indivíduo assustado consigo mesmo e, depois, mais contido ainda, como a pessoa que, manifestando desejo de aprender a nadar, é levada em transatlântico para o meio do oceano e lá jogada pela borda... (Nunca mais aprenderá a nadar...)

Se não me aproprio da espada, se não a faço minha e não aprendo a usá-la, ela me usará. Quem se nega a ser samurai não tem alternativa senão sentir-se Dâmocles, sempre ameaçado pela arma cuja existência ele nega...

SERÁ QUE ESTAMOS DE ACORDO?

Leitor, vamos fazer um teste de despedida.

Para mim, que escrevi o que você acaba de ler, os três pontos mais altos de minha mensagem são os seguintes: *Primeiro*: os olhos são mais velozes do que as palavras. Quase tão velozes quanto os olhos são nossas mudanças de atitude, de jeito, de expressão, nossas *respostas*, em suma. O circuito visomotor é o principal responsável por quase tudo que fazemos. Durante a maior parte do tempo, funciona como nosso anjo (ou demônio) da guarda, *levando-nos* a fazer mil e uma coisas que só percebemos o que são

depois

que foram ou estão feitas

– coisas essas que inicialmente não são consideradas importantes mas, a um melhor exame, mostram-se as determinantes de quase tudo que nos acontece. E ainda: para nove décimos da humanidade, durante nove décimos do tempo, "o que acontece" é, de longe, mais importante do que o que a pessoa faz "por querer", decidindo, escolhendo.

O que são essas coisas "sem importância" que determinam nossa vida? Expressões do olhar ou sua simples direção e seu simples – e

236   J. A. GAIARSA

extremamente frequente – mudar de direção; é um sorriso que escapa, de amor ou de ironia; é um tom de voz crítico ou queixoso; é um voltar a face para cá ou para lá. Cada um desses microelementos do diálogo na verdade governa o diálogo, o entendimento e o desentendimento entre as pessoas, o contrato e sua quebra, o fazer junto ou o separar-se. Se é verdade que o pensamento operacional (verbal) surge tarde no desenvolvimento da criança (Piaget), é igualmente verdade que o comportamento sensomotor (na sua nomenclatura)

persiste a *vida toda* e

durante a vida toda conserva sua importância. O pensamento operacional não *substitui* o sensomotor. Palavras não substituem acões.

Seria muito bom se as pessoas "regredissem" de seu comportamento operativo (as palavras) e começassem a perceber que o comportamento (ou o pensamento) sensomotor *precisa ser percebido*, porque continua a existir e é ele que embaraça o pensamento operacional. Ou seja, seria bom se durante o... desenvolvimento (!) a gente não sacrificasse os olhos pelas palavras.

Como *consequência* dessa disparidade entre o ver e o falar, surge um conceito de *inconsciente* inteiramente atual. Ou não existe ou não importa a inconsciência do *passado*; importa que *aqui-agora* eu perceba *tudo* que há para ser percebido. Senão, estou

inconsciente do presente.

Ou seja, *não estou* percebendo o que acontece em volta de mim ou dentro de mim. Faltam elementos para que o pensamento operacional possa atuar... *E eu erro*, sobre mim e/ou sobre o que há em volta de mim.

O problema mais crítico da consciência é sua

velocidade!

Ainda dentro de nosso primeiro item: nove em dez vezes, nossos olhos, regendo nossa motricidade, determinam ou *fazem* nossa

A INCONSCIÊNCIA COLETIVA   237

atitude ou personagem em uma situação numa fração de segundo. É olhar e colocar-se. *Depois* começamos a falar, mas aí nossa fala já está *sendo determinada* pela atitude

que tomou conta de nós

(e, nove em dez vezes, *sem que tenhamos consciência disso*). Se nem percebemos que fomos tomados, muito menos sabemos *qual* atitude nos tomou. Logo, corremos o risco de

falar um discurso que tem pouco ou nada que ver com o que está acontecendo.

Segundo: o enfrentamento, o medir o outro, o testar forças são reações muito profundas e muito *rápidas* em nós. Basta ter alguém desconhecido diante de nós – ou alguém conhecido mas com cara ou jeito estranho – e imediatamente somos postos em estado de alerta por mecanismos biológicos extremamente ativos (são a expressão concreta de nosso instinto de defesa ou de sobrevivência). Até aí não é preciso falar em agressão. Seria exagero. É um estar pronto, *pré-parado*, como se disse ao longo de todo o livro. Mas não sou eu que me preparo, não é o eu que se prepara. Na verdade, se quisermos honrar a nomenclatura freudiana, é o Id que se/me prepara... para o desconhecido.

Quem não percebe essa *atitude* de enfrentamento deixa de perceber o principal e se perde, ou fica falando sozinho. Pior: parte importante da educação (familiar, escolar) trabalha ativa, ainda que inconscientemente, para atenuar, borrar, desfazer essa primeira resposta. É feio desconfiar do outro à primeira vista. É preconceito. Não é civilizado... A atenuação dessa resposta tão primária e fundamental pode desorientar a vida toda da pessoa... bem-educada.

Mais: quem entra em situações novas com a mesma cara não entrou na situação. *Está em transferência*, está *respondendo* ao que muitas vezes não importa responder e muito provavelmente está deixando de responder ao que mais *lhe* importa.

238   J. A. GAIARSA

Terceiro (vamos decolar): Vamos compreender muito da dialética do desenvolvimento, da pessoa e da História. Acho até que vamos compreender alguma coisa de Deus – o Deus que nos governa de fato,

nossos olhos

(e nossos movimentos, que nossos
olhos organizam, dirigem).

Colocamos em palavras e portanto temos no pensamento – *temos consciência* – uma porção deveras muito pequena de nossa experiência, se confrontada com *tudo que poderíamos ter percebido*. Essa é a pequenez do ego, que, sem palavras, não sabe o que é – e receia – e volta a papagaiar para ter a ilusão de que pode ser e fazer.

Nossa vida é determinada apenas por aquilo que sabemos/ desejamos/deliberamos?

Todo mundo sabe que não, que entre nossos propósitos, nossos sonhos e desejos, de um lado, e nosso agir, nosso acontecer real, de outro, vai uma diferença em regra muito grande. E todo mundo sabe que ninguém sabe o que fazer a esse respeito, a não ser dar "bons" conselhos (velhos, velhos), fazer sermões e dizer *A culpa é dele* (ou minha, tanto faz; nem uma nem outra mudam muito as coisas) – ou fazer análise durante dez (D-E-Z) anos. De novo, nossa impotência é *perceptiva* e não motora; viciados pela palavra, esperamos "compreender" as coisas *antes* de agir. Esse é o modo chamado *racional* de comportar-se. Só que ninguém usa. Ninguém consegue usar. Outro bom conselho inútil.

O problema não é de *força* de vontade, é de *habilidade* da vontade, que precisa ganhar a velocidade que ela tem na maioria dos animais e que nós perdemos. Bem analiticamente podemos dizer: o homem de fato sofre de uma ampla e profunda inconsciência em relação ao que o cerca – por fora e por dentro. Só que é preciso traduzir: inconsciência quer dizer

bloqueio da percepção – do aqui–agora.

O que eu não percebo que percebo atua sobre mim ou não?

A INCONSCIÊNCIA COLETIVA 239

O que é visomotor, ou genericamente sensomotor, tem modos próprios de integração e de influência sobre o comportamento? Nossa experiência *não verbalizada* é inoperante? Será que se eu *não falar* não acontece? Será que *só o que tem nome* existe? Então, como é que se arranjam os animais, que não falam? Ou como as crianças até os 2 anos (infante significa "aquele que não fala") vivem? Sobrevivem? Parecem felizes ou infelizes, mais vivos ou menos vivos do que nós, os falantes? Mais simples ou mais complicados? Mais espertos ou mais bobos? Melhores na sua luta para sobreviver ou piores?

Aí está a questão. Parece claro que a percepção não consciente existe, atua poderosamente, é de muitos modos sábia (e por vezes também meio estúpida), é com certeza mais sensível e mais veloz nas suas respostas do que os falantes, "acerta" muito mais frequentemente que a reflexão e, na verdade, e para dizer de uma vez, é o grande Anjo da Guarda que resolve a maioria de nossos problemas – do jeito que queremos ou *não*!

Não raro "ela" sabe mais, porque percebe mais o que é *real* (percebe ou concorda bem menos com o que é *convencional*); sabe *logo*, na hora em que acontece; e responde *prontamente*.

De outra parte, o percebido (falado *ou* não) governa nosso acontecer (que é 95% do que nos sucede); nosso querer não faz mais do que 5% de nosso existir. *Somos levados* pelo nosso *animal--criança-Deus-demônio* quase o tempo inteiro. E vamos o tempo todo discutindo com ele, contra ele, explicando o que ele nos fez fazer (ou, mais frequentemente, o que ele *não nos deixou fazer* – porque era besteira), justificando e acusando, perdoando e dizendo de quem é a culpa...

O caroço duro dessa descoberta é: entre o que as pessoas dizem e o que elas fazem vai quase sempre uma distância enorme, e há uma funda perplexidade ligada à pergunta: *Como é que pensando e*

240   J. A. Gaiarsa

falando assim a gente acaba fazendo assim? Se nos referirmos aos grandes deste mundo, que dizem nos governar, então declaro, a bem desses monstros: eles na certa *não sabem* o que estão fazendo; isto é, apesar de em certo sentido *"terem poder"*, na verdade nenhum deles faz com o poder o que pretende ou o que seria razoável *no seu próprio julgamento.* Ainda: quero crer que os poderosos *não querem* que o mundo siga na direção *em que ele está indo,* mas nenhum tem meios reais de desviar esse curso de catástrofe. Nem é muito diferente a vida de cada um: a autodestrutividade, em mil formas, o autodesprezo, o descuido consigo mesmo, a vida precária, mal vivida, mal sentida, mal dirigida, são com certeza a regra e não a exceção. Então: se não é o eu quem faz, o que faz o eu fazer?

Em todos os períodos de transição, de crise, de conflito e/ou de mudanças, o que acontece é o seguinte: nosso eu não verbal (visomotor), *nossa experiência real acumulada e processada, impõem-nos* um curso de ação que o eu tagarela não compreende, não aceita e luta contra – com todos os argumentos da sensatez.

Quando sofremos de um conflito agudo, isso quer dizer que *já podemos viver melhor com o que aprendemos da vida,* mas ainda não nos dissemos, ainda não processamos verbalmente certos aspectos do que já vivemos. Mudamos "não sei para onde nem como". *Mentira!* Alguém ou algo em nós *sabe perfeitamente* o que nos cabe fazer, para onde ir. Só que esse bicho-criança-Deus *não tem palavras* para se declarar ou explicar; então ele fala em imagens, em empurrões, em decisões que a gente não sabe por que tomou, em escolhas que a gente não sabe por que fez...

E o tempo todo vamos brigando com ele, que sabe mais, que pode mais, que tem mais força...

Também podemos dizer assim: há algo em mim que sabe muito mais do que eu sei e pode muito mais do que eu posso. É Deus em mim – ou é meu Deus. Tudo que eu fui vivendo e aprendendo Ele guardou, treinou e organizou. Hoje, não é mais o eu que me governa, mas tudo que ficou guardado, que foi treinado e organizado. Deus em mim.

Hoje o Deus *olhar* ganha de vez a briga; ele nos levou a inventar a televisão e, agora, mas cada vez mais depressa, *todos* estão *vendo* o que acontece

em todos os lugares.

Antes da TV, o Inconsciente Coletivo não sabia – porque não via. Só se falava; mas o que acontecia longe e era só falado já havia muito acabara. Já aquilo que estou vendo acontecer está aí, agora, faz parte de minha vida, toca-me, move-me.

E, como os homens têm medo do Olhar de Deus – e por isso o negam –, continuam a pensar e a falar em uma revolução que cada dia parece menos provável, a revolução planejada no velho estilo. A revolução *que está acontecendo* é mais rápida, mais eficaz e a cada dia se delineia melhor. O que nos cabe fazer é

aprender a vê-la

– e empurrar na hora certa.

HOMENAGEM A HOLLYWOOD E À TELEVISÃO

É bem capaz que este livro tenha surgido
também
porque eu nasci com o ci-
nema e, dos 10 aos 30 anos, fui fanático por ele. Cada filme provoca-
va em mim uma tempestade cerebral que durava horas (ou dias). Foi
aí, foi então e foi assim que eu comecei a ver o mundo por meio do
olhar de outro (do diretor, da câmera): nascia em mim a consciência
do olhar. Creio que foi aí que eu comecei a "entender" bem o que
significa "ponto de vista", "ângulo", "enquadramento" (o que *se abstrai* do conjunto), perspectiva e movimento (!).

Lembro que, em meus sonhos de então, esses modos de a câmera
reproduzir a realidade apareciam também. Meus sonhos começa-
vam a se deixar modelar (a absorver e assimilar) pelos movimentos
de *outro olho* que não o meu.

Creio que então começou a se desenvolver em mim essa sensibilidade para o visual.

Como o visual é tudo neste livro, creio de todo merecida a
homenagem que estou prestando.

Parece-me um belo exemplo de interação dialética: entre
mim e a máquina, entre o objeto que imita o olho e o olho

que tem mãos à sua disposição (câmera) e pode com ela mostrar aos outros o que vê e como vê.

Creio que está nascendo a comunicação visual.

— Creio que a *televisão* tem tudo que ver com isso. Ela nasceu como consequência de nossa necessidade de ver (dizem os estudiosos da Evolução que a Vida caminha com certeza na direção dos olhos, de ligá-los ao maior número possível de respostas).

A vida quer ver — a vida quer ver cada vez melhor —,
a vida deseja subordinar tudo à visão.

Com a rede de comunicações (telefone, rádio, telegrafia, televisão, internet), a atmosfera se encheu de mensagens que "estão no ar", à espera e ao alcance de qualquer aparelho ligado e sintonizado — assim como as mensagens de pessoa a pessoa, que são muito mais do que apenas as palavras, assim como a comunicação de cada um com todos, ou de todos com todos, como acontece com os meios de comunicação de massa. O que antes era implícito (a comunicação obscura "dentro" do Inconsciente Coletivo) agora vem explicitado nos meios de comunicação. Podemos dizer também que o Inconsciente Coletivo vem ganhando clareza e se ampliando cada vez mais: cada vez mais gente se vê incluída na rede de comunicação.

A Humanidade vem-se unindo cada dia um pouco mais — na visão comum de um mundo comum, no qual sucedem coisas que aos poucos todos conhecem, cada vez mais próximos do momento em que o fato acontece.

Quando todos os homens souberem de tudo que acontece no mundo de importante *no mesmo momento*, creio que assistiremos a feitos surpreendentes — um *novo* tipo de revolução.

OS ANESTÉSICOS COLETIVOS

Dado fundamental para compreender este texto adicional: dois terços do cérebro existem para tornar possíveis nossos movimentos – que são quase infinitos.

A maior parte desses movimentos é orientada pela visão; por isso, hoje se sabe que imaginar com clareza é meio parecido com fazer o que se imagina.

Quer dizer que, quando você assiste à televisão (novela, filme, futebol, notícia), é como se em certa medida você estivesse lá... Quanto maior seu interesse, mais vai parecer que você está lá, mais seu corpo fará pequenos movimentos – os que você faria se estivesse lá...

Como a vida da maior parte das pessoas é bem monótona – no lar, na condução e no trabalho –, vivemos muito mais na... imaginação (televisão) do que na realidade.

As estatísticas dizem que as pessoas veem televisão de quatro a seis horas por dia...

O "imaginário popular", como dizem os intelectuais, é muito mais real do que se fosse... imaginação!

Estranho – não é? No meu tempo se dizia que ficar imaginando era fugir da realidade. Hoje vemos na televisão a realidade da qual estávamos fugindo!

A sociedade proporciona muitos meios para cuidar de nossos sentimentos difíceis, pesados, sofridos, reprimidos.

Para cuidar de nossa cegueira, do nosso vazio, de nosso tédio... O primeiro é a televisão.

O segundo é o consumo – o desejar e comprar tantas coisas interessantes, bonitas, a cada dia mais novidades...

O celular é o meio universal de repartir nossas preocupações, nossas ansiedades, nossos medos – nosso ciúme, nossa raiva, nossa inveja...

Alô! Tudo bem? Sabe o que me aconteceu?

A internet é o celular ligado ao mundo!

Os cachorros são os felizardos que recebem todo o amor que não conseguimos trocar entre nós – cercados que estamos de mil proibições, preconceitos, ciumeiras, possessividade, brigas... Podemos acariciá-los, mimá-los, pegá-los no colo, cuidar deles como se fossem nenês, morrer de preocupação se algo de ruim lhes acontece – passar a eles todas as nossas ansiedades e todo o nosso amor estéril...

O futebol é o grande sorvedouro (mundial!) de todo o partidarismo, de toda a agressividade, até de todo o ódio que sentimos por tantas coisas ruins que nos cercam, e pelas circunstâncias precárias e injustas em que vivemos (mas nas quais não gostamos de pensar).

O grande ralo mundial de nossos piores, mais doloridos e mais irremediáveis sentimentos e emoções, porém, é o álcool – já pensou?

Imagine: se o álcool não existisse no mundo, a Historia da Civilização seria completamente diferente do que foi – não é?

Mais: se por um passe de mágica todo o álcool do mundo desaparecesse – você sabe –, teríamos a mais incrível revolução de todos os tempos.

E talvez a mais caótica e a mais sangrenta!

Mas álcool pode.

246 J. A. GAIARSA

Não exagere – vá! Uma cervejinha – qual o mal?
Se as cervejas fossem proibidas, muitas emissoras de televisão abririam falência – por falta de anunciantes!
"Beba com moderação!" (Vamos rir?)
Mas álcool não é... "droga" – imagine! (É a mais tóxica de todas as drogas.) A que mais mata – de cirrose, de loucura (destruição cerebral). A que mais provoca desastres (trânsito), crimes, ambiente familiar degradante, papelões sociais ridículos.

É legal, tem de todos os preços e de mil qualidades, podendo ser encontrado em qualquer canto.

Facilita a sociabilidade! Que horror! Precisamos beber para fazer de conta que nos entendemos e que apreciamos a companhia uns dos outros...

Bebem os pobres para "afogar as mágoas", a humilhação, o desespero, a revolta, o ódio contra as injustiças sociais clamorosas.

Bebem os ricos para afogar a compaixão, a solidariedade, a culpa...

O álcool é de fato o sustentáculo principal de quase tudo que há de péssimo na sociedade humana.

É a droga mais eficaz na manutenção da inconsciência coletiva.

Excluí-lo levaria a uma explosão de lava candente dos piores sentimentos humanos (ou desumanos), capaz de destruir toda a estrutura social, gerando um caos irrecuperável.

Mas... uma cervejinha, Gaiarsa?! Não seja chato!

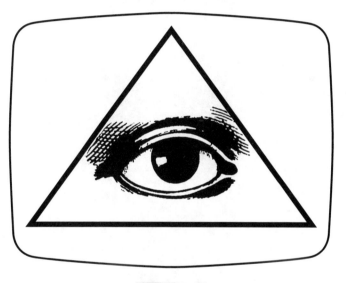